吕不韦与《吕氏春秋》

Lü Bu-wei & Master Lü's Spring and Autumn Annals

李颖科 丁海燕 著

西安出版社

「古都西安」

图书在版编目（CIP）数据

吕不韦与《吕氏春秋》/李颖科，丁海燕著.—西安：西安出版社，2007.6(2015.8 重印)
（古都西安丛书）
ISBN 978-7-80712-328-6

Ⅰ. 吕… Ⅱ. ①李… ②丁… Ⅲ. ①吕不韦（？～前 235）-人物研究 ②吕氏春秋-研究
Ⅳ. B229.25

中国版本图书馆 CIP 数据核字（2007）第 078080 号

古都西安·吕不韦与《吕氏春秋》

著　　者：李颖科　丁海燕
出版发行：西安出版社
社　　址：西安市长安北路 56 号
电　　话：（029）85253740　85234426
邮政编码：710061
印　　刷：西安建科印务有限责任公司
开　　本：850mm×1168mm　1/32
印　　张：6.75
字　　数：159 千
版　　次：2007 年 6 月第 1 版
2015 年 8 月第 2 次印刷
ISBN 978-7-80712-328-6
定　　价：14.00 元

《古都西安》丛书编纂委员会

序

崔林涛

西安是享誉国内外的历史文化名城，有着深厚的经济社会根基、丰富的文化底蕴和久远的文明传承。在中华民族发展的历史长河中，古都西安处于极为重要的地位，发挥了重大的历史作用，拓印下无比瑰丽的史诗和波澜壮阔的画卷。

“八川分流绕长安，秦中自古帝王州”。西安古称长安，是中华民族的重要发祥地和文化发源地之一。远古时代，“蓝田猿人”就在这里繁衍生息，六千多年前，半坡先民在这里种植狩猎，开掘出了别具特色的“半坡文化”。自公元前12世纪，周文王在此建立丰京，揭开了西安作为帝王京师历经千年，雄踞华夏，成为统一的多民族国家的政治、经济、文化中心的辉煌历史。西安成为与雅典、罗马、伊斯坦布尔等城市齐名的世界历史古都。直至今天，西安城中的塔与碑，城外的陵与墓，连绵的城垣与宫殿遗址，保存的大量珍贵文物以及周乐秦声、汉风唐韵等文化艺术，仍在昭示着这里曾经呈现过的尊贵和豪华、开放和风流。

“一座城市的历史就是一个民族的历史”。古都西安就像一部活的史书，一幕幕、一页页记录下中华民族的沧桑巨变，见证了“文景之治”“贞观之治”“开元盛世”的鼎盛辉煌，然而，往日这个帝王们希冀长治久安、长久平安的长安城随着朝代更迭，数遭兵燹，令人扼腕地一度衰落了。

衰落的根源值得研究汲取，怎样重新激起奋发向上的精神更应当总结和发扬。英国著名历史学家汤因比曾精辟地分析，任何文明都有其生长和衰亡的过程，而能否勇敢地接受各种挑战决定着这种文明的前途。

我们在研究文明生长的时候，发现它的过程是一连串的挑战和应战。应战不仅解决了挑战所提出来的问题，而且还在它每次胜利地解决了一个挑战问题以后，又提出了新的挑战。这样，文明生长的性质的最核心的成分便是一种新的活力、不断的创新。历史在前进，文明在曲折中发展。

西安，曾经创造过昔日的辉煌，西安也曾经历过衰落，西安又迈向创造新的文明的征途。江泽民同志在分析古希腊文明、拜占庭文明盛极而衰时说过，不能紧跟世界发展的潮流，就必将落后。他在西安论述中国实施西部大开发战略时还说过，中国曾有过盛唐时期的辉煌，但安史之乱后衰落了。现在我们的任务是要实现中华民族的伟大复兴。因此，他多次强调我们的各级领导干部和年轻一代要多学习和了解一点历史，从历史中汲取文化的养分。尤其是在改革开放和现代化建设取得巨大成就的今天，面对世界多极化、经济全球化和科学技术迅猛发展，要使中华民族在全球范围内的竞争中不断发展、走向繁荣，就要审视自己的历史和文化传统，继承和发扬民族优秀传统文化，增强民族凝聚力，学习借鉴世界文化优秀成果，始终代表先进文化的前进方向，才能与时俱进，战胜前进道路上的各种艰难险阻，立于不败之地。

先进文化是现代人集古今中外之大成、并且面向未来的创造，是传统与现代、继承与创新的产物。我们有责任大力弘扬先进文化，因为这是永葆历史文化名城活力的根本所在。研究历史，分析现状，面向未来，西安要走向世界，让世界更加了解西安，在社会主义的先进文化中保持优良的文化传统，增强民族的认同感，提高自信心，为经济发展和社会进步提供精神动力与智力支持，成功地应对前进中的每一次挑战。我想这是每一个西安人和关注西安发展的人们不断思索的命题。工作和生活在古都西安的人们要有一种气概，重开现代丝绸之路，重振汉唐雄风，把西安建设成既葆有古都风貌，又具现代文明和时代精神的大都市。

编著《古都西安》这套大型丛书，正是想让人们对西安有更深刻的了解，能够触摸到西安的历史脉络和文化特征，感受到它的灵魂，让西安走向世界，再架起一座中西文化交流的桥梁。丛书按照从古至今、全面系统的原则分篇编排。每篇或按时序，或分类论述，但总的体例大致划一，以求系统、准确、全面而又有重点地介绍西安。丛书在保证学术水准的前提下，尽可能为更广泛的读者所接受，使史学走向大众，更具有严谨的科学性、渊博的知识性和艺术感召力。

有关古都西安的著述很多，但系统地编著一部大型丛书，立体全景地展现西安历史，却是首次。我有幸在西安工作十多年，西安的文化积淀实在是丰厚，这座城市最大的魅力在于它的历史文化。在两个文明建设的实践中，我们深切地感受到，弘扬优秀传统文化，建设社会主义精神文明，有必要也有责任组织和推动一批专家、学者，编撰一部详尽介绍古都西安的大型丛书。为此，我曾多次与史念海先生等专家交流，共同策划。从制定规划、内容、体例讨论论证、专题编著分工、编审等，工作展开已近五年时间，现在要陆续出版了。本丛书的宗旨是崇尚征实，弃绝浮言，全面系统，提倡寓新颖观点于详密材料的治学风格。参与编著丛书的每位作者都在理论阐释和材料整理方面，做出了很大的努力，都有全新的开拓。这是全体作者的心血，更是史念海老先生留给世界、留给当代与后人的一份呕心沥血的遗嘱。这套由他主要审定的丛书陆续与读者见面了，而史先生却已无法全部看到。鲁迅先生曾说过，拿着故人的遗稿，就像手里攥着一把火。这套丛书的问世正是史先生传承给我们的希望之火，也是对他最好的纪念。

望着雄伟壮观的古城墙和高楼林立、华厦争辉、桥涵飞虹、通衢溢彩、万车竞速的西安，感受到汉唐雄风开阔的底蕴，体味着这方水土赋予西安人开拓创新的激情，我们有理由相信，有着强大自我更新能力、包容进取精神的西安人，在中国共产党的领导下，坚定地走有中国特色的社会主义道路，乘着西部大开发的东风，一定能够在这片土地上再创造出新的历史奇迹！

2007 年 5 月 4 日于西安

目　录

第一章

吕不韦与秦国

公元前475年至公元前221年，在中国历史上称为战国时代。这一时期，华夏大地上诸侯林立，纷争踵继，是前所未有的“乱世”。与此同时，封建制度却日盛一日地在政治、经济甚至思想文化领域确立起来，这为数千年中华文明史迎来了全新的一页。至战国末期，秦国终于以其穷兵黩武的好战特性在诸国中崭露头角、日渐胜出，直至最后独领风骚。而这个时代对没有王室血统的个人来说，则是“贫穷则父母不子，富贵则亲戚畏惧，人生世上，势位富厚，盖可以忽乎哉”①。出身商贾的吕不韦正因深谙此中道理，故才不惜血本，连助落难王孙异人，踏上了寻富求权的终南捷径。他的这一举动，不仅给其一生带来了意想不到的转机，而且也使整个秦国的历史为之改观。

第一节　吕不韦其人及其所处的时代

吕不韦原是战国末年卫国濮阳的一个商人，战国时代弱肉强食的社会现实培养了他敏锐的政治眼光，也给了他强大的政治野心。在对整个社会作过权衡利弊的精密分析后，吕不韦选

① 《战国策·赵策》。

择了当时在政治、经济、文化各方面都蓬勃发展甚至独占七国鳌头的秦国作为其弃商从政的突破口。他设法结识了为质于赵的秦王孙异人，并为其西行入秦，说服华阳，终于使原本毫不起眼的异人成为秦国未来的储君。从此，吕不韦对秦国政坛翻云覆雨的影响便揭开了序幕。

一　战国末年的华夏社会

吕不韦生活在公元前 3 世纪（约前 292—前 235），即战国末期。这一时期是中国历史上一个很重要的新旧交替时期。新旧交替的过渡性决定了这个社会在相对高速发展的同时，也必然存在严重的动荡，而动荡的主要根源则在于激烈的内争和频仍的外战。

深刻的国内变革

进入战国以后，各诸侯国为了巩固政权、称霸中原，都程度不同地进行了政治、经济、军事制度等各方面的改革，其中影响较大的有李悝在魏国的变法、吴起在楚国的变法以及商鞅在秦国的变法等。这些变法运动，不仅大幅度调整了原有的社会关系及社会秩序，而且引发了新旧势力之间的激烈冲突。以商鞅变法为例：公元前 361 年，秦孝公即位后，痛感"诸侯卑秦，丑莫大焉"，于是下令广纳贤才，并许诺"宾客群臣有能出奇计强秦者，吾且尊官，与之分工"。[①] 商鞅应征入秦，受到了孝公的重用。公元前 359 年和公元前 350 年，商鞅两次在秦国主持变法。他用法令形式废除了奴隶制的井田制；从法律上承认了土地私有的合法化，允许土地买卖；奖励军功，根据"劳大者其禄厚，功多者其爵尊"的原则，建立了二十等军功爵制，使人的政治地位主要由有无军功来决定。这对秦国旧有

① 《荀子·强国》。

的贵族无疑是个沉重的打击，而对当时的新兴地主阶级来说，则是积极的鼓励。秦国的旧贵族甘龙、杜挚等人对此极为不满，他们煽动太子出面反对新法。为使新法得以顺利推行，商鞅又颁布了许多重农抑商、奖励耕织的措施，如规定男子成年必须与父母分居，另立门户，女子到一定年龄必须出嫁，还要求普遍推行县制，建立什伍连坐制，统一度量衡等。这些改革使落后的秦国一跃而成为战国时代的强国之一，为日后统一六国打下了坚实的基础。然而奴隶主旧贵族看不到变法的伟大意义，他们随时在寻找机会，准备与新兴封建地主拼个你死我活。公元前338年，秦孝公去世，太子即位，公孙虔之徒趁机诬告商鞅谋反，最后竟导致商鞅被处以车裂的极刑。

其他各国的改革也都同样充满了统治阶级上层之间的血腥斗争。基于改革自身的破旧立新的本质特征及新旧贵族间不可调和的矛盾，各国的改革时期自然也就成了其政局大动荡的时期。但是，由于封建制取代奴隶制已成为历史发展的一个必然趋势，故而各国虽内争不止，但改革还是极富成效的。经过这些改革，封建集权政治，即包括郡县制度、封建官僚制度、官吏选拔制度等具有封建特征的制度终于全面建立起来了。

频繁的对外战争

战国时期，封建制开始确立，“集中”是它的一个必然目标，它不仅要求金钱、土地的集中，而且在政治文化领域亦是如此，其最终目标就是要建立一个大一统的封建国家。为实现这一目标，各国之间展开了十分频繁的兼并战争。截至吕不韦所生活的时代，这些战争大体上可分为三个阶段：

一是魏国独霸中原时期。魏文侯时期，李悝主持变法，促进了魏国封建经济的发展，并建立了一支以武卒制为基础的强大的武装力量。到魏武侯时，魏又向南发展，取得了郑、宋、楚三国间的大片土地。这样，魏国在这一时期达到了霸权的鼎盛，不但各小国纷纷臣服，就连韩、赵、齐等大国也不得不服从于它。这一时期大大小小的战争非常多，孙膑围魏救赵的桂陵之战及逐日减灶的马陵之战就是当时十分著名的两个战例。

二是秦齐对峙时期。马陵之战后，魏国衰弱了，出现了秦、齐两大强国东西对峙的形势。这时各国踢开名义上的周天子，陆续称王，作为缓冲区的小国逐渐消亡，大国领土直接连接起来，彼此间的冲突亦更加剧烈。秦、齐两大强国展开了争取与国、孤立敌国的激烈争夺，而魏、赵、韩等国内部也分成联秦抗齐和联齐抗秦两派，大兴合纵与连横。苏秦、张仪等纵横家大显神通，或合众弱以抗一强，或连数强以拆众弱之合。久而久之，合纵逐渐演变成六国并力抵抗强秦的主要手段，连横则成为秦国拆散六国联盟的固定策略。

三是秦赵大战时期。秦昭王时期，范雎提出远交近攻的策略，即要秦国远交齐楚，近攻三晋。昭王采纳这一建议，向三晋大举进军。三晋之中以赵国为最强，“尝抑强齐四十年，而秦不能得所欲”①，因而秦国和赵国这时成了针锋相对的两大对手。公元前 262 年，秦赵长平之战爆发，公元前 260 年，秦用反间计使赵孝成王撤掉了经验丰富的老将廉颇，换上了只会纸上谈兵的新手赵括，结果致使赵军被迂回包围，最终全军覆没。长平之战后，赵已无力与秦抗争，秦国自此再无可与之相匹敌的强大敌国了，它独霸中原的局面开始初露端倪。

经过这两百余年的战争，整个战国时期的动荡不安行将结束，战国七雄中的齐、楚、燕、韩、赵、魏均已衰弱下来，只有秦越来越强，由它统一中原已是大势所趋。

战国时期，中国政治舞台虽然风云激荡，变幻无常，但它却并未使社会经济受到严重影响；相反，由于封建生产关系代

① 《战国策·赵策》。

替了奴隶制的生产关系，大部分直接生产者从奴隶制的桎梏下解放出来，劳动兴趣和生产积极性大大提高，社会经济反而呈现出繁荣的景象。农业生产方面，铁农具已由春秋时的零星使用发展到广泛普及，这时的铁农具不仅分布地域广，而且数量多、种类全。农业生产的主要工序，如犁田、中耕、除草、收割等，都已使用铁器。水利工程的兴修，也是这时农业发展的重要内容。这时著名的水利工程有西门豹在魏国邺县修筑的治理漳水的工程、李冰父子在秦国蜀郡治理岷江的工程及后来秦始皇时关中修建的郑国渠等。这些工程使几条原本桀骜不驯的大河由水害变为水利，造就了数百万亩肥沃的良田。另外，到战国末期，农业生产已总结出深耕熟耨、辨土施肥、注意农时、疏密得宜等一系列经验。农业技术的进步，带来了粮食产量的大幅提高。

手工业也有了长足发展。战国时期的手工业与以前相比种类增多，生产规模扩大，技术也有进步。除各国官府手工业外，民间手工业也已兴起，大者取木、冶炼、铸造，小者自设坊肆，亦产亦销，较大的作坊中通常还有僮仆帮工。当时手工业中最发达的首推冶铁业。从已发现的冶铁遗址和遗存来看，其规模相当大，产品种类和数量都很多。南方楚国地区发现的铁器质量很高，当时就有记载说其铸造技术“刑范正，金锡美，工冶巧，火齐得”[①]。车船制造业也是这时较为兴盛的一项手工业。战国时期车的名称有数十种之多，用于乘坐、运载和战争。交通工具的发达对商业的发展无疑是大有裨益的。

随着农业、手工业生产的发展及社会分工的扩大，农夫要“以粟易器械”，手工业者要“以器械易粟”，[②] 都要通过市场

① 《荀子·强国》。

② 《孟子·滕文公上》。

进行交换，这使战国时期的商品经济逐渐繁荣起来。这首先表现为商人的活跃。“天下熙熙，皆为利来；天下攘攘，皆为利往”①，只要能赚到钱，他们不避艰难险阻，云游四方。当时的商人大体分两类：一类是“坐列贩卖”的普通商人和小本经营的“贩夫贩妇”，这些人主要依靠小本生意来谋生、求富。当时流行这样的谚语：“用贫求富，农不如工，工不如商。”另一类则是富商大贾。他们拥有雄厚的资本，囤积居奇，操纵市场，有的还在各诸侯国之间进行大规模的贩运贸易，他们甚至可以用其丰厚的财富来影响国家间的政治。春秋时就有“弦高犒秦师”的故事广为流传，到战国末年，最有名的无疑当属本书的主人公吕不韦了。

金属货币的大量流通是这时商业发展的另一个重要内容。为适应商品交换的需要，各国大量铸造金属货币，并在商业活动中广泛流通。当时的货币从质地上可分为铜币和金币两大类。铜币的形状主要有四种：形状像刀的叫刀币，流通于齐、燕、赵等国；形状像铲的叫布币，流通于韩、赵、魏等国；圆形圆孔或方孔的叫圜钱，流通于秦国和周王室辖地；形状像贝壳的叫贝币，也叫蚁鼻钱，俗称“鬼脸钱”，流通于楚国。金币主要流通于楚国，谓之“郢爰”，是在扁平的金版上打出一块块金印，印文为“郢爰”，使用时从大版上切下，依重量定其价值，是一种称量货币。后来楚都由郢迁陈以后还铸造过“陈爰”。战国时期的金属货币的数量较大，反映了商业较过去发达；货币的式样多，则说明货币的流通还带有地域性。

城市的发展也反映了这一时期商业的繁荣。随着专制主义中央集权制度的形成，政治、经济、文化均有所集中，城市迅速发展起来。战国时著名的纵横家苏秦在描述当时临淄城的繁

① 《史记·货殖列传》。

华景象时说："临淄之途，车毂击，人肩摩，连衽成帷，举袂成幕，挥汗成雨。"① 这里的描述虽然不免加入了纵横家所惯用的夸张，但也从一个侧面向我们展示了当时临淄城车马喧嚣、熙来攘往的热闹情形。另有一则描述楚都郢的繁华景象的记载："楚之郢都，车挂毂，民摩肩，市路相交，号为朝衣鲜而暮衣敝。"② 说的是郢市的街道上车碰车、人挤人，早上穿的新衣服到晚上就挤破了，真是热闹非凡。从这时的诸多文献记载中，我们可以看出，我国封建城市的分布，这时已初步定点了。

除激烈的政治斗争和空前的经济繁荣外，这个大变革的时代给人们的思想也带来了前所未有的冲击。面对各种错综复杂的社会矛盾，代表不同阶级、阶层和社会集团的士人们各抒己见。在诸侯割据纷争的背景下，统治者无力推行文化专制，这就使各个学术派别都获得了生存发展的良机。他们纷纷著书立说，不仅争论学术，而且议论政治，既互相批判，又互相影响，真可谓"百家争鸣"。当时参与争论的学派主要有儒家、墨家、道家、法家、阴阳家、名家、农家、纵横家、杂家、兵家等等，他们合力促成了我国有史以来的第一次思想大解放运动，他们的智慧不仅极大地促进了当时社会的变革和文化的发展，而且也为后来的华夏大地留下了一座取之不尽、用之不竭的思想文化宝库。

在史学、文学、艺术、自然科学领域，这个时代也是成绩斐然。《左传》《竹书纪年》等重要史书的出现，标志着我国史学在独立化的道路上又前进了一大步；百家诸子的散文大都思想开阔、文辞多采、议论风生，并善于用寓言故事来阐明自己

① 《战国策·齐策》。
② 《战国策·楚策》。

的思想和主张，文笔生动活泼，极具说服力；楚辞这种新的诗歌体裁也于此时诞生，它打破了《诗经》四字一句的死板格式，适宜于抒写复杂的社会生活，其中以屈原的《离骚》最负盛名。战国青铜器工艺造型精巧，精细的鎏金纹和刻纹将其升华为一种艺术；绘画方面也有新的发展；编钟音乐已达到相当高的水平；《甘石星经》这本天文学专著已经出现，“四分历”、月令等先进历法成果已被广泛采用；我国古代四大发明之一的“司南”也于此时问世。在医学领域，医学家已懂得人体解剖，知道内脏、血管、血液循环的情况；望、闻、问、切四诊法被付诸实践；《黄帝内经》等医学著作已经完成。此外，特别值得一提的是，《墨经》中记载了小孔成像的实践和点、线、面、方及圆等几何概念，这表明我国的自然科学研究也开始起步了。

以上就是战国末期我国社会的基本状况：政治局势的动荡不安与商品经济的繁荣发展并行不悖，人文科学的激烈争鸣与自然科学的小有成就百花齐放。对个人来说，则是机遇与挑战并存。原本在商海中搏击弄潮的吕不韦，正是因为把准了这一时代脉搏，才得以获得他日后位极人臣、权倾一时的显赫地位。

二　吕不韦入秦前的秦国

秦人是我国西北部的一个古老的民族，传说其始祖大业为女修吞玄鸟陨卵而生。该民族擅长打猎、养马、御车，据说其首领造父曾为周穆王御车。西周末年，秦襄公因护送平王东迁有功而受封为侯，被赐以岐西之地，是为秦建国之始。之后，由于秦地处西陲，社会发展相当缓慢。春秋时期，秦穆公选贤任能，锐意西扩，“益国十二，开地千里，遂霸西戎”，这才使秦国渐渐拥有了与东方大国相当的实力与地位。战国初年，秦国因长期的文化落后而未暇变法，被韩、赵、魏三个首先强大的国家遮断东征之途。秦孝公时，任用商鞅实行变法，秦国的实力迅速增强，通过一系列合纵连横斗争，秦和齐成为西东二强，双方并尊为西东二帝，并各有与国，维持着东西方均势的局面。后齐湣王中苏秦之计而灭宋，遂引发秦昭王组织的五国伐齐的合纵战争，致使齐国从此一蹶不振。此时仅剩赵国尚能与秦抗衡，然长平之战，秦坑赵卒四十余万，赵亦自此削弱。其后，六国除了合纵之外已无抗秦之力，在秦远交近攻各个击破的凌厉攻势下，各国次第为秦所并，至公元前221年，秦始皇终于完成了对所有诸侯国的征战，统一了华夏大地。

以上就是秦统一中国之前的简要历史。吕不韦入秦大约是在公元前257年左右，这正是秦昭王统治的后期，所以要了解吕不韦入秦前的秦国社会，就不能不了解这位古代少有的长寿君主的英武事迹。

秦昭襄王于公元前306年即位，此为周赧王九年，但这时的周天子早已徒具虚名。而秦国自从孝公以来，经惠文王、武王两代，国势的强盛更是与日俱增，连韩、魏等大国都派使者来朝见秦王了。然而也许是乐极生悲，英勇神武的秦武王继位仅四年便因与力士孟说举鼎绝膑而死，而他偏又无子，只得立其异母弟为王，是为昭襄王。昭襄王的继位引发了一场为祸不小的宫廷政变，“庶长壮与大臣、诸侯、公子为逆，……皆诛，及惠文后（武王母号曰惠文后）皆不得良死，悼武王后（秦武王后，昭王嫂）出归魏”[①]。原来，武王死后，诸弟争立，只有两朝重臣魏冉尚能左右全局，而他却是昭王母宣太后的异父长弟，即昭王的舅父，故而昭王得位难免有徇私之嫌，如此，众人不服亦是理所当然。平定叛乱后，因昭王年少，宣太后临

① 《史记·秦本纪》。

朝自治，任魏冉为政，秦国从此进入魏冉专权时期。这时的秦国还很虚弱，它甚至还要去“厚赂于楚”。在昭王继位的前四年里，秦一直奉行联楚抗三晋的外交策略，但到昭王五年（前302 年），由于魏、韩相继派人来求和，而为质于秦的楚太子又因误杀秦大夫而亡归，秦的对外政策开始有些动摇。第二年，秦便开始联合三晋攻打楚国，取重丘（今河南泌阳西北）而去。之后，秦昭王致书楚怀王，诈称愿意与楚重修旧好。楚怀王急于求和，结果被扣留咸阳。楚国大臣拥立太子横为新王。秦国要挟不成，便大动干戈。公元前 298 年（秦昭襄王九年），秦军大败楚军，斩首五万，夺取十余城。这种猛烈的攻势引起韩、赵、魏诸国极大的恐惧，它们联合宋、中山两国一起向秦发起反攻，两年之后（前 296 年），竟然攻入函谷关，秦被迫退还所夺得的魏国封陵和韩国武遂。此后十余年，秦统治者励精图治，在与各国的战争中夺取了中原大片土地。公元前 288 年（昭襄王十九年），秦派人去齐国尊齐湣王为“东帝”；十月，昭襄王在宜阳自称“西帝”。这一举动引发了各国联合反秦的军事行动，秦被迫于两个月后将称帝一幕草草收场。从秦昭王二十一年（前 286 年）以后，秦国不断向东方的韩、赵、魏和南方的楚国进攻，取得了辉煌的胜利。除阏与之战，被马服君赵奢指挥的赵军战败外，秦军在所有战争中均所向披靡，锐不可当。公元前 268 年，魏国辩士范雎来到秦国，他建议秦昭王改变舍近求远的攻战方式，实行“远交而近攻”的策略。秦昭王采纳了这一建议，并封范雎为应侯，任命其为相国。此后，秦在对外战争中更是屡战屡胜。公元前 262 年，秦赵长平之战爆发。这场大战起因于秦韩之战。韩国的野王被秦占领后，其上党郡就同韩国本土割断了联系，上党太守冯亭不愿降秦，毅然投向赵国。赵国老将廉颇见秦军远途征伐，不能久战，因而驻军长平坚壁不出。秦久攻不下，另派白起为上将军，采取反间计让赵王用只会纸上谈兵的赵括换掉老将廉颇。赵括上任后，急功近利，很快使赵军陷入秦军的包围之中。公元前260年七月至九月，长平城内断粮46日，士卒离心，军队瓦解，甚至出现了“阴相杀食”的人吃人现象。在最后的突围中，赵括被乱箭射死，白起下令除留240个幼小士卒回赵国报告消息外，将其余四十万赵军全部活埋。长平大捷后，秦军继续向邯郸挺进。紧要关头，魏信陵君窃符救赵。公元前257年，赵、魏、楚三国军队在邯郸城下夹击秦军，秦军统帅郑安平率两万人投降。与此同时，秦军在河东也遭魏、楚联军的合击，失掉河东和太原两郡。战事连连失利，秦王归罪于范雎。公元前255年，秦昭王下令处死范雎，改任燕人蔡泽为相。四年后，昭王病死，这时吕不韦已入秦六年了。

秦昭王在位时，秦国的主要精力被用于对外征伐，但此时秦国内部也并非风平浪静。昭王即位后相当长的一段时间内，魏冉以元老重臣和皇亲外戚的双重身份执掌军政大权。他将自己本家族的许多成员封为“君”，如华阳君、高陵君、泾阳君等。秦国实际上为宣太后、魏冉一家所控制。这一时期，秦国之所以会常常舍弃邻近的目标而去攻击远方的敌人，主要是由于当政的魏冉的封地在邻近齐国的“陶”（今山东定陶），而他为扩大私人领地，不惜派兵越过韩、魏而攻齐，因此用兵多而战果小。当“远交近攻”的战略初步奏效，范雎获得了昭王的信任之后，他就进一步向昭王指出：秦国长期不能取胜的根本原因就在于魏冉、宣太后专权谋私，若不除掉魏冉家族，就无法实行正确的战略策略。秦昭王早就对魏冉专权耿耿于怀，对范雎所言深表赞同。公元前266年，昭王下令免去曾五次出任秦相、掌权累计25年的魏冉之相位，将其族属逐回各自封地，而以范雎取而代之。范雎因提出远交近攻的策略而使秦获益匪浅，但他嫉贤妒能，任用私党，由他所举荐的王稽“与诸侯通”，其罪应诛；郑安平降敌亦属重罪。因此，范雎最终同王稽一同被处以死刑。继范雎为相的燕人蔡泽更是从上任伊始就遭众大臣反对，只得匆匆“谢病归相印”。

政局的动荡阻碍不了社会的发展。在复杂的政治斗争之后，秦国的封建经济和文化也正在飞速发展。

随着军事斗争的胜利，秦国的领地不断扩大，它开始招募三晋之民入秦耕作。秦昭王时修建了都江堰，使成都平原成为沃野，亦为秦增加了许多耕地。到战国末，秦的耕地面积已是“南有泾、渭之沃，擅巴、汉之饶”[①]。牛耕和铁农具的较早使用为秦国农业精耕细作提供了有利条件。昭王时秦国农业生产技术水平在诸国中已步入先进之列，仅十余年后，秦国就出现了总结农业生产经验的专门著作，即《吕氏春秋》中的《上农》《任地》《辩土》《审时》四篇。这时秦国农业生产的最主要成就便是粮食产量的大幅度提高，秦国因此而成为最富庶的一个诸侯国。战国末期的游士形容秦“粟如丘山”；“云梦秦简”的《秦律》中记载秦的粮食不但分门别类地收藏，如禾（小米）一类，就分黄、白、青三种，而且“万石一积”的粮草仓库随处可见，这样丰厚的粮草积存，无疑是秦统一中国最有力的物质保障。

秦国境内有大量的铁矿山，因而其治铁业发展很快，不仅有官办作坊，还有私营作坊。近年来考古发掘中出土的战国秦铁器不胜枚举。青铜器制造业也久盛不衰，秦国的武器大部分仍旧用青铜制造，如比吕不韦时期稍晚的秦陵兵马俑中就发现了许多青铜剑、矛和镞等，它们都反映出了相当高的工艺水平。经铬化处理的剑在泥土中埋藏两千年后仍然不蚀不锈，光耀夺目，锋利如新，这种技术在德、美等国也只是在20世纪

① 《史记·货殖列传》。

才正式列为专利。秦国的陶器制造业也相当发达，产品既有日常生活用品，又有建筑材料，这为后来制造数以千计的巨大而优美逼真的兵马俑打下了坚实的工艺基础。此外，秦国的漆器制造、纺织、煮盐、皮革制造等手工业部门均有了较大发展。这些迹象表明，秦国已逐渐摆脱蛮夷之国的落后面貌，而以崭新的姿态屹立于东周诸侯之林了。

商业也随着农业生产产量的提高和手工业生产技术的进步而产生并兴旺起来。秦朝实行盐铁官营，把商业活动当成政治事务的一部分来重视。秦惠文王时“初行钱”，到战国末年，货币已渗入秦国社会生活的方方面面，钱可以用来赎罪、借贷，官府甚至通过放债来达到统治人民的目的。城市发展起来，咸阳、栎阳、雍等秦国主要城市都随着封建经济的上升而发展成在经济、政治上占重要地位的大都会。

文化方面，《商君书》是秦国散文的典型。它虽文风刻削而缺乏文采，显得槁瘠而枯燥，但却简洁明快、朴实无华，这种格调与法家的思想主张和统治政策是颇为投合的。秦国的文字这时已由直接继承周代的文字而演化为秦隶和小篆两种较通用的字体了。这一发展，在中国汉字发展史上占有重要地位，因为秦始皇统一中国后，正是用这时形成的秦隶来统一文字的。

秦国的音乐、美术等艺术往往因袭周之余风，故而其作品一般较为古朴、凝重，但在战国末年，这种现象已开始因秦人文化水平的提高而有所改观。

上述内容即为吕不韦入秦前秦国的概况：政治上的风云际会阻挡不住经济、文化的繁荣发展；在对外战争中，虽有胜有败，但其逐步兼并的总趋势是不可否认的。昭襄王在其主政的半个多世纪里已经为秦做好了统一六国的大部分准备工作，踌躇满志的吕不韦就要粉墨登场了。

三　邯郸经商与西游秦国

吕不韦是卫国濮阳人。此地地处黄河弯曲处交通十分便利的河道旁，从这里溯河而上，可到达周都洛阳。洛阳此时虽已衰微，可仍属全国少有的几个繁华都会之一；从濮阳顺黄河而下，可到以盛产鱼盐粟帛豆麦著称的齐、鲁之乡；由此向南，黄河水系又与鸿沟水系和淮河平原水道交通网络联结起来；向北过黄河则可抵北方的大都会邯郸。便利和地势，为濮阳人经商致富准备了天然条件，吕不韦的家庭就是这片土地所造就的众多富商大贾中的一户。然而，巨大的财富却并未给他带来崇高的社会地位，这是中国自古一贯的"轻商"政策所造成的结果。但从商人的切身利益出发，他们却极需通过政治上的权利来保证他们持续获得高额利润。因此，到战国末期，随着能与王室比富的大商人的增加，商贾们越来越热衷于政治。他们走南闯北，见多识广，又多居于文化氛围开放的大城市中，因而政治上极其敏感，许多商人在参与当时的政治、军事斗争时表现出了相当高的水平。从贩运财货到投机政治，从操纵市场到把持政权，这正是当时中国商人抬高自身地位的一般途径。吕不韦自然也不例外。

吕不韦生活的时代，郑、卫之地已成为秦军与东方各国交战的主战场。卫国地处秦魏相争的夹缝之中，被吞并只是迟早的问题。面对着即将到来的社会剧变，无论是为保住万金的家资，还是为寻找个人出路，吕不韦都必须将自己的活动范围扩大到卫国以外去；同时，商贾的本性也要求他随时将资本投向利润最大的场所，以便积聚更多的财富。邯郸是当时全国有名的大都会，正适合像吕不韦这样有远大抱负的人去闯荡。抱着对未来的憧憬，怀着几分冒险的心情，吕不韦在公元前 265 年来到了向往已久的赵国首都邯郸。

邯郸始建于公元前 386 年，这里不仅是赵国的政治中心，而且是南通郑、卫（今河南境内），北接燕涿（今北京市附近），东连齐、鲁（今山东境内）的交通枢纽，是关东各诸侯国中最大的商业城市之一。城内，宽阔的马路可并排走几辆车，路旁的店铺、驿舍、酒肆鳞次栉比，行商坐贾云集。吕不韦来到这里正是如鱼得水，但他深知要在战乱不休的时势中永保家累千金的富庶就必须拥有一定的政治背景。他严密地审视着每一个可能使他踏入政坛的契机。功夫不负有心人，不久他便找到了一条跻身政坛的终南捷径。吕不韦是这样向他的父亲透露他的发现的：他先问其父："耕田之利几倍？"答曰十倍；再问："珠玉之赢几倍？"答曰百倍；最后问："立主定国之赢几倍？"其父答曰无数。[1] 这段问对隐约告诉我们，吕不韦是要通过挟立国君来实现其飞黄腾达之梦想。这看起来有些虚无缥缈，但吕不韦却确实办到了。原来，吕不韦在邯郸经商过程中，偶然见到了秦国王孙异人。异人此时正为质于赵，生活境遇十分窘迫。"为质"即做人质。春秋以前，只有自质于鬼神之法，到战国时代，因各国间连年纷争不断，相互猜忌加深，用质来巩固联盟之间的关系，或用质来表示对大国的服从的事例多了起来。大国之间所交换的人质，多为国王的儿子，也有其孙子或重要的臣僚。异人就是当时的秦王（昭襄王）之孙，亦即当时做安国君的太子柱（即后来的孝文王）之子。异人的兄弟有二十几个，他自己又非长子，其生母夏姬也并不受宠，所以他十五岁便被送至赵国为质。"质"虽贵为公子王孙，但其安危凶吉，则"托于不可知之国"，若本国一旦背约，质就立刻"身为粪土"。昭襄王时，秦国的对外政策是极不稳定的。异人为质邯郸的时期，秦赵两国正处于关系相当紧张的时刻，

---

① 《战国策·秦策》。

在战场上屡次失利的赵国，当然不会善待秦国的质子异人，异人在邯郸的生活自然是很落魄的。他虽不至于食不果腹，可也确实过不上作为一个王孙公子所应有的那种锦衣玉食的生活。因此，为避免到繁华的街上去被自惭形秽的感情所折磨，这位异人公子便枯居陋室、深居简出。这一切，在吕不韦知道异人后不久便被打听得十分清楚。吕不韦以成功商人特有的敏锐眼光洞察到异人可以使他门庭显赫起来。于是，他便造访了异人，给异人分析当时的形势及其所面临的处境，说秦王（昭王）已老，太子（安国君）即将继位，然而太子所甚为宠爱的、可能立为皇后的华阳夫人却膝下无子。这样按秦制，华阳夫人认谁为子，谁就是太子。而以异人此时的处境，要与其二十多个兄弟争夺太子之位，实在是希望渺茫。吕不韦的这番分析，精辟入理，切中异人的痛处。但吕不韦随即话锋一转，说自己能帮异人争得太子之位云云。异人闻之大喜，当即承诺："必如君策，请得分秦国与君共之。"[①] 就这样，一个寻觅奇货的商人和一个落难的王孙一拍即合。

计划订好后，两人毫不耽搁，立即着手实施。异人开始拿吕不韦给他的大笔钱财在邯郸各社交场合广交宾客，因其出手大方，很快便获得了邯郸上层人物的交口称赞，又加上他受了吕不韦树立良好形象的教诲，在公众场合每每表现得温良谦恭、文质彬彬，故而很快在邯郸各界树立了极好的口碑。吕不韦这时正在着手完成一项十分艰巨的任务：西行入秦，说服华阳。

吕不韦先在邯郸购买了价值五百金的奇珍异宝，然后直赴咸阳。在咸阳，他以商人的身份顺利拜见了华阳夫人，献上他所带来的珍宝。华阳夫人愉快地接受了。吕不韦又让华阳夫人

① 《史记·吕不韦列传》。

之姊在华阳夫人面前说了许多异人的好话，如说他贤能聪明，所结交的诸侯宾客遍及天下，并说异人曾说过他的终身依靠就是华阳夫人，且常日夜流泪思念太子和夫人。华阳夫人闻言而喜，其姊趁机又转述吕不韦的高论："以色事人者，色衰而爱弛。今夫人事太子，甚爱而无子，不以此时蚤自结于诸子中贤孝者，举立以为适而子之，……既色衰爱弛后，虽欲开一语，尚可得乎？"① 这番分析入情入理，华阳夫人深表赞同。"色衰爱弛"的道理她早有认识，只是苦于找不到合适的解决办法，现在其姊提出认立嫡子的办法，这样，丈夫在时她很尊贵，丈夫死后，所认之子继位为王，始终不会丧权失势，此真可谓一言而为百世利。此念一动，华阳夫人便欣然接受了选认嫡子的建议。

除了吕不韦通过华阳夫人姊所说的各项事宜外，华阳夫人还有一项隐患也迫使她早铺后路，这就是宣太后的去世。宣太后与华阳夫人同出于楚国的芈家，共同的异国远嫁的命运自然使她们惺惺相惜。宣太后在世时权高势众，当然不会忘记时时照顾一下自己的小亲戚。安国君之所以会对华阳夫人宠爱有加，除了她的天生丽质外，恐怕与她雄厚的家势背景不无关系。而安国君之所以能在秦昭王四十二年（前265年）原太子死后顺利充当继任，大概也有宣太后的一份功劳在其中。太后肯帮他，则无非是出于对华阳夫人的爱怜。因此宣太后在世时，安国君对华阳夫人不止是一般的宠爱，也有几分仰仗。宣太后的去世，无疑使这种仰仗化为乌有，华阳夫人在安国君心目中的地位自然不如从前那样稳固了。

基于上述顾虑及其姊的说服，华阳夫人最终采纳了吕不韦所提出的认异人为己子的建议。于是在一次太子有闲暇的时

---

① 《史记·吕不韦列传》。

候，华阳夫人从容地道出了自己的想法，说："子楚质于赵者绝贤，来往者皆称誉之。妾幸得充后宫，不幸无子，愿得子楚立以为适嗣，以托妾身。"①安国君本来就对华阳夫人宠爱有加，这次又见她言辞恳切，便立刻言听计从。为使夫人放心，安国君还派人刻了一对玉符，以之为据，表示一定要立异人为适嗣。至此，吕不韦这次西游秦国总算大功告成，他立刻启程返赴邯郸，去向异人报喜。

第二节　吕不韦与秦国政坛

认清当时的七国局势后，吕不韦开始积极涉足秦国政坛。立足现实的分析使他选择秦国为突破口，他与秦国政坛及王室错综复杂的关系也由此展开。他一手促成庄襄王由庶孙至国王的转化，并于此后十三年内历事二主，执掌国柄，使后来不可一世的秦始皇一度尊其为"仲父"。吕不韦何德何能，竟至转瞬间由布衣而卿相？这就要从吕不韦与庄襄王及秦始皇之间所发生的诸多事宜来逐一分析了。

一　吕不韦与秦庄襄王

秦庄襄王即公子异人。吕不韦由秦返赵后，赵国因惧怕秦国攻打自己，不同意放回异人。吕不韦再次施展其游说本领，他对赵王说：强留异人，对赵国无益，秦若决心屠赵，根本不会顾及作为人质的异人；相反，如果赵欢送异人返回秦国，日后一旦异人立为秦王，必然会报恩于赵。赵王接受了吕不韦的意见，同意放异人回国。然而也许是好事多磨，正当吕不韦和异人打点行装准备启程之时，秦、赵之间忽然爆发了长平之

① 《史记·吕不韦列传》。

战，赵国因此收回承诺，异人只好留在邯郸等待时机。在此期间，吕不韦与异人的关系进一步复杂化，其直接原因是邯郸献姬一事。据《史记·吕不韦列传》记载："吕不韦取邯郸诸姬绝好善舞者与居，知有身。子楚（异人）从不韦饮，见而悦之，因起为寿，请之。吕不韦怒。念业已破家为子楚，欲以钓奇，乃遂献其姬。姬自匿其身。至大期时，生子政。子楚遂立姬为夫人。"这就是"邯郸献姬"的由来。有了邯郸姬之后，异人便在秦赵战争硝烟不断的情况下过起了逍遥自在的生活，而吕不韦这时却开始忧心忡忡了，他焦急地企盼着秦赵战局的缓和，因为如果这场战争一旦打到两强必有一死的境地，吕不韦的一切希望就都将化为乌有。假若秦国战败，那么异人即使回到秦国、当上秦王，也不过是赵国的手下败将。在战国末年这种弱肉强食的残酷背景下，一次大战的失利就足以使一个国家一蹶不振，从而沦为他国的附庸或仆从，等着被更强大的国家一步步吞并。所以，秦国不能失败，否则，吕不韦的一切投资便将付诸东流。如果赵国战败，那么赵人为洗刷耻辱，最解恨的方式莫过于杀掉在赵为质的秦王孙异人，这对吕不韦来说更是致命一击，异人是他的"奇货"，货物是商人的利润之源，货没了，他的利润源泉也就彻底断绝了。因此，在吕不韦看来，这场战争无论谁输谁赢，都不是件好事。思量再三，要使他的计划顺利进行，只有一个办法尚为可行，这就是瞒天过海——逃跑。然而此时逃跑绝非易事：一方面，异人在赵国的馆舍有专人监视，更何况还要经过邯郸重兵把守的层层城门；另一方面，异人这时也因有了邯郸姬而有些乐不思蜀了。

迫使他们最终下定决心的是此时的秦、赵战局。长平之战，双方对峙三年，却始终难分胜负。经过秦大本营内众多谋士策划，秦军决定以破坏赵军"以逸待劳"坚不出战的方针为突破口。他们使用反间计，使赵王轻信只会纸上谈兵的赵括，并用赵括替下了经验颇丰的老将廉颇，秦军由此得以击溃赵军，直逼邯郸。赵王在这次失败之后，龙颜大怒，坚决禁止异人回国，异人的生命安全危在旦夕。就在这时，秦国内部却因权相范雎恐大将白起功大于己而说服昭王鸣金收兵了，这一命令缓和了秦赵间的关系，暂时挽救了异人的性命。这次撤军，是在赵答应割六城给秦之后进行的，但当秦撤军后，赵却违背盟约，于是昭王又命白起率兵攻赵。白起一方面出于与范雎赌气，另一方面也出于对赵军“哀兵必胜”的认识而不愿出兵。固执的昭王见劝说与压服白起皆不奏效，便改派五大夫王陵统兵伐赵。果然不出白起所料，这次出兵受到赵国军民的顽强抵抗，秦军遭受重创。昭王又换上老将王龁，结果还是毫无进展。他只得再次求助于白起，无奈白起称病不出，昭王一怒之下，下令放逐白起，之后又在范雎的挑拨下派人追上白起，令其自裁。可怜白起一代名将，竟落得如此下场。然而战争并未就此结束，到秦昭王五十年（前 257 年），赵虽不断挫败秦军进攻，但始终不能使秦撤兵。在秦军猛烈反攻之下，赵孝成王决定杀掉异人泄愤，但却走漏了消息。经过一番紧锣密鼓的秘密活动，吕不韦用钱买通了监视异人的赵国吏卒，使他答应放异人逃走。为避免目标过大而暴露，异人未能带上他那美丽的邯郸姬和幼小的儿子一起出逃。离开邯郸城不久，异人和吕不韦便投身秦军营地，后在秦军护送下回到秦都咸阳。

吕不韦和异人在历尽艰险后回到咸阳，其第一要务就是要觐见华阳夫人。为此，吕不韦预先作了许多精心安排：除一招一式地教导异人面见时的言行举止外，他还处心积虑地特意从楚国买来当时楚地流行的服饰，让异人峨冠博带。这样的装扮不仅使异人看上去风流倜傥，一表人才，而且也能唤起华阳夫人的思乡之心，使她更觉亲切。这一精心设计达到了预期效果。华阳夫人一见楚服装扮的异人，立刻满心欢喜，并为其赐名“子楚”，从此，“异人”这个名字便被“子楚”所代替了。

有了华阳夫人的厚爱，子楚在秦国的声誉陡涨，他现在要做的全部事情便是在宫中安心静候年迈的昭王驾崩后，将王位让给自己的父亲安国君，然后再等安国君去世后，自己登上王位。这个目标听起来十分遥远，但实际上，秦昭王这时在位已有五十年，而他是在他统治的第五十六年撒手人寰的，也就是说，在子楚归秦后的第六年，这位中国古代少有的长寿帝王便离开了人世。六年对于二十五岁的子楚来说，并不是一个很长的时间。至于安国君，他却与其父恰好相反，是个十分短命的帝王，据《史记·秦本纪》记载：孝文王“十月己亥即位，三日辛丑卒”。这也真是短得出奇，在位三天就死了。然而这却正是吕不韦与子楚所日夜翘首以待之事。至此，吕不韦跻身政坛的投资计划终于到了获取利润的时候了。

公元前250年九月，在秦昭王与秦孝文王相继去世之后，子楚堂而皇之地登上了秦国国王的宝座，正式成为新任秦王，这就是秦庄襄王。这位庄襄王其实并非资质过人，又不好学，一次他的父亲安国君让他背一段书，他无论如何也背不上来，只好以从小无老师指导为由推辞过去。他与众多的王孙公子一样，只知花天酒地、享乐快活，毫无安邦治国、统一天下的雄才大略。他只是运气较好，被深谋远虑的吕不韦看中，并得其鼎力相助，这才拥有了秦国之主的显赫地位。不过这位秦庄襄王虽无才华，却很有情义。他自从得了吕不韦的恩惠，便对吕不韦感恩戴德，时时思考如何回报。当他登上王位后，立即发布命令，宣布以吕不韦为相，封为文信侯，以蓝田（今陕西蓝田县西）十二个县为其食邑，后又改为食河南洛阳十万户。从此，秦国的大政实际上就完全控制在吕不韦手中。

吕不韦不是一般的贩贱卖贵的大商人，他有自己独到的政治眼光和远大的政治抱负。他掌握行政大权后，立即采取了许多大赦罪人、奖赏功臣及百姓的措施。这些措施都是赚取贤名的好方法，通过它们，吕不韦巩固了他的权势，也使秦人接受了他这个原本毫无政绩的丞相。此后，吕不韦很快从赵国迎回了邯郸姬和她的稚子政。当年，吕不韦和异人逃出赵国时，为避人耳目，未带邯郸姬及其子，幸好此姬乃“赵豪家女也，得匿，以故母子竟得活”[①]。子楚登上秦王之位后，赵为讨好强秦，便“奉子楚夫人及子政归秦”[②]。庄襄王夫妻、父子团聚，其欣喜自不待言；对吕不韦来说，则更是一件莫大的好事，因为在庄襄王看来，这毕竟是吕不韦的功劳，因而进一步增强了对吕不韦的赏识与信任。从此以后，庄襄王将他统治国家的权力几乎全盘交给了吕不韦，而吕不韦也投桃报李，用十分显著的政绩回报了庄襄王的信任。这一时期，秦国综合国力的增强是十分明显的。

公元前 247 年五月，庄襄王去世。吕不韦对庄襄王的死处之泰然，因为异人毕竟不过是他用来谋取利润的一件“奇货”，而到此时，吕不韦在异人身上所花的投资早已收到了利润非凡的回报，他不仅食邑万户，珠玉满堂，而且不断加官晋爵，成了影响整个中国历史的强秦之权相。但另一方面，吕不韦对异人多少还是有些感情的。他们从邯郸相遇便开始患难与共，在异人继位后又荣华共享，这种同甘共苦的君臣关系实属罕见。吕不韦虽一手成就了异人的显赫地位，但他却并非一个居功自傲的人，相反，他脑子里的忠君报国思想非常浓厚，如他在《吕氏春秋·处方》中说：“凡为治，必先定分：君臣父子夫妇。君臣父子夫妇六者当位，则下不踰节而不苟为矣。”显而易见，这正是孔子尊卑有别、不得僭越的封建礼制的反映。他还主张

---

① 《史记·吕不韦列传》。

② 《史记·吕不韦列传》。

忠臣“苟便于主，利于国，无敢辞违，杀身出生以徇之”[①]。在他看来，忠臣为了君主和国家的利益，应有杀身成仁的精神和勇气。由此可见，吕不韦也不会完全漠视庄襄王的存在，他甚至可能会认为庄襄王是一位贤德的明君，因为他“无为”，这正是吕不韦心目中最理想的君主的类型。从这个角度出发，吕不韦很感激庄襄王的知遇之恩。但可惜庄襄王英年早逝，这种和谐的君臣关系也只能是昙花一现。此后吕不韦带着对庄襄王的感激，更带着他自己统一中国的伟大政治抱负，走上了辅佐新王的征途。吕不韦正式从秦国政坛的幕后走向前台了。

二　吕不韦与秦王嬴政

秦庄襄王去世后，其子嬴政即位。嬴政登基时年仅十三岁，无力亲政，秦国的军政大权依然由相国吕不韦掌握，而且，为进一步表明吕不韦的显赫地位，秦王政还尊称他为“仲父”。吕不韦掌握了本属于嬴政的所有权力，他完全按他那种商人特有的务实方式治理着整个秦国。秦国在他的统治下保持蒸蒸日上的国势，国内政局也颇为稳定。此时的秦王政正处于由少年天子成长为青年国王的过渡期，因此，他这时尚无任何可以干预朝政的权力，而只能以小字辈的身份来接受吕不韦对他所作的安排。这种权力分配方式，在秦王政继位后的前八个年头里，倒也实施得很顺利，但从第九年起，过了二十岁的嬴政开始日益明显地显现出他那种专权、独断和不愿倾听别人劝谏的性格，这样，他和吕不韦之间的矛盾也就随之表面化、尖锐化直至最终激化起来。

当吕不韦觉察出秦王嬴政对自己的潜在威胁后，他也曾试图通过一定的方式来向嬴政暗示自己雄厚的实力，希望他按照

① 《吕氏春秋·忠廉》。

自己的要求去做。秦王政八年（前239年），吕不韦将其所著《吕氏春秋》公诸咸阳城门，并宣布“有能增损一字者予千金”[①]。据记载，当时竟“无能增损者”。其实《吕氏春秋》一书内容庞杂，观点、材料相互冲突者并不少见，其本身并非无懈可击，而当时却无人改动，其主要原因就在于人们惧怕吕不韦的权势，这也正是吕不韦选择这一特殊公布方式的真正目的所在。其次，从很大程度上来说，吕不韦编写《吕氏春秋》的初衷是直接针对秦王政的。吕不韦越来越明显地感觉到嬴政的性格与自己的要求有格格不入的一面，他在《吕氏春秋》中多次针对嬴政骄横固执的缺点提出“民贵君轻”“无为而治”等论点。《吕氏春秋·序意》更明确指出：“良人请问十二纪，文信侯曰：‘尝得学黄帝之所以诲颛顼矣，爰有大圜在上，大矩在下，汝能法之，为民父母……’”在这里，吕不韦将《吕氏春秋》同黄帝教导颛顼联系在一起，实际上就是告诉嬴政要像颛顼对待黄帝那样，接受他的教诲。然而嬴政却绝不是像吕不韦所希望的那种温和驯顺的国王，他性格专断而骄横，决不愿受制于人。因此，嬴政亲政后，同吕不韦之间矛盾的公开化，就在所难免。而引发这一矛盾的导火索，却是太后，即庄襄王的夫人、嬴政的生母与嫪毐之间秽事的暴露。

此事可追溯至庄襄王异人为质邯郸之时。那时，这位太后乃是邯郸一豪家女，被吕不韦看中，娶回做妾，不料异人在与此女相识后对她一见钟情，便硬是让吕不韦把她让给自己，吕不韦被迫答应了，于是这位邯郸姬就成了庄襄王的嫡妻，待庄襄王即位后，她便名正言顺地做了王后，庄襄王死后，她又以嬴政生母的身份稳居太后之位。然而，这个赵国豪家女却不是那种安分守己的妇道人家，虽贵为太后，却风流成性，庄襄王

① 《史记·吕不韦列传》。

刚死，她便与前夫吕不韦重修旧好，以致“始皇帝益壮，太后淫不止”[1]。后来，吕不韦渐渐感到嬴政对自己不满，他意识到长此以往，终有一天会纸包不住火，与其到那时与嬴政反目成仇，不如现在趁早金蝉脱壳，甩掉这一隐患。于是，他私下里派人找到一个“大阴人嫪毐”，先让其充当自己的舍人，然后让他纵行倡乐，竟然至于“使毐以其阴管桐轮而行”[2]。他这样安排的目的是让太后为之动心。而太后听到关于嫪毐的传闻后，果然想要得到嫪毐以据为己有。吕不韦于是又导演了一幕丑剧，他先让人暗地里告嫪毐的状，使他被判处腐刑，而后又私下告诉太后说可做一次假的腐刑，以掩人耳目，然后嫪毐可名正言顺地入宫了。太后一听大喜，立即派人悄悄地厚赐了主持腐刑的官吏，让他假装对嫪毐施行了腐刑，并拔光嫪毐的胡须、眉毛，使其看上去与其他宦官一样。几经周折，太后终于如愿以偿，而吕不韦也得以从太后的纠缠中摆脱出来。

太后得到嫪毐后，“绝爱之”，不久竟然怀孕了。太后怕事情败露，就假借占卜时显示应出宫避时为名，躲到雍去了。嫪毐依然常伴于太后左右，获得太后的完全信任，“事皆决于毐”，嫪毐遂“至家僮数千人，诸客求宦为嫪毐舍人千余人”。[3] 这时嫪毐的势力已与吕不韦不相上下，以致国人常将二人相提并论：“与嫪氏乎？与吕氏乎？”[4] 吕不韦这回真是引狼入室，他不仅为自己树立了一个颇具实力的竞争对手，而且还因此而死于非命。秦王政九年（前 238 年），有人告发嫪毐实际上并非宦者，而且常与太后私相淫乱，且已生下两子。另

① 《史记·吕不韦列传》。

② 《史记·吕不韦列传》。

③ 《史记·吕不韦列传》。

④ 《战国策·魏策》。

外，嫪毐还与太后密谋，说“王即薨，以子为后”。秦王政听后大怒，派人去调查核实，结果所告皆为实情，并查出此事与相国吕不韦有关。嫪毐见事已至此，便决定作垂死挣扎。秦王政九年（前238年），嬴政年满二十二岁，即将在雍城蕲年宫举行成人冠礼，嫪毐趁机“矫王御玺及太后玺”发兵作乱。秦王政派新任相国昌平君、昌文君率兵镇压，吕不韦见风转舵，也支持镇压。结果嫪毐兵败，他与参与叛乱的卫尉竭、内史肆、佐弋竭、中大夫令齐等二十人皆被枭首，并车裂示众，灭其宗，嫪毐舍人“皆没其家而迁之蜀”。嫪毐与太后所生二子亦被杖毙，太后本人被囚禁于雍城棫阳宫，不得自由行动。吕不韦因为是嫪毐的引荐者，故而也是责无旁贷，秦王政盛怒之下本想连他一起除掉，但因宾客群臣极力求情，又念及吕不韦奉先王功大，故而未忍下手，但却还是趁机免其相国之职。到后来齐国人茅焦说服嬴政迎回太后时，为避免太后与吕不韦再生事端，秦王政便下令吕不韦“就国河南”，实际上是将他流放到距咸阳千里之遥的外地去了。

嫪毐事件终于平息，然而由此所引发的秦王政与吕不韦之间不可调和的矛盾冲突却远未结束。秦王嬴政即位伊始，便因年少而“委国事大臣”[①]，秦国的军政大权为吕不韦所掌握。而且，随着秦统一战争的不断胜利，吕不韦渐渐拥有食邑万户、家僮万人的庞大势力，这在战国时代众多丞相中是极其少见的。吕不韦权高势重，且招来的宾客又多是关东人，在他给嬴政所编的政治教材《吕氏春秋》中，又处处批其逆鳞，提出了许多与嬴政所信奉的法家主张不同的理论。这样，吕不韦无论是在实际权力还是思想观点上都引起了秦王政的严重不满。于是，彻底摧毁吕不韦及其势力集团就成为秦王政多年来的夙

① 《史记·秦始皇本纪》。

愿。而在吕不韦就国河南后的一年多里，诸侯宾客、使者对他的频繁造访更招致了秦王政对他的忌恨。秦王政唯恐吕不韦接受诸侯使者的邀请而去为其效力以反过来攻打秦国，所以他很快又赐书给吕不韦，其中说道："君何功于秦？秦封君河南，食十万户。君何亲于秦？号称仲父，其与家属徙处蜀！"[①] 这封书信的措辞相当凌厉，秦王政本是肯定过吕不韦"奉先王功大"的，这时却以一句"何功于秦"而赖个精光，连"仲父"之称也以"何亲于秦"而不承认了。这些虽然不是在明确地给吕不韦定罪，因为吕不韦即使对秦"无功""不亲"，也不至于犯什么王法，但是吕不韦出于对嬴政暴虐、乖戾性格的了解，却开始心虚了。所以"赐书"虽不是给他宣判死刑，但他还是自感非吉祥之兆，很快意识到自己的末日就要降临了。《史记·吕不韦列传》云吕不韦"恐诛"，这个"恐"字，是吕不韦畏惧心理的恰当写照。为此，他在嬴政面前没有一句辩白便饮鸩而死了。然而他的祸事并未就此完结。他死后，因为得罪了秦王政，只得由其门人偷运其尸回河南窃葬。不料这一举动却激起了秦王政更大的怒火。为了彻底铲除吕不韦的影响，秦王政亲自颁布了极其严厉的惩罚令：吕不韦的门客、部属，凡参与吕不韦葬礼者，是秦国以外的人，皆逐出秦国；是秦国人，爵位在六百石以上者，处以削爵、流放之刑；爵位在五百石以下且未参加葬礼的，虽不削爵，却也要处以流放之刑。这些命令几乎使所有与吕不韦有瓜葛的人，都遭到不同程度的打击。此后，吕不韦在秦国的势力就被彻底根除了。秦王政这才心满意足，他终于可以让吕不韦入土为安了。

综观吕不韦与秦王嬴政之间的恩怨是非，可以看出他们之间既存在不可调和的矛盾，又具有某些相同之处。如在要统一

① 《史记·吕不韦列传》。

天下这点上，他们就是一致的，但在如何统一上，却存在着严重的分歧。在战争中，秦是“尚首功”之国，以斩杀人头的多少来计功。因此，秦在兼并六国的战争中，坑降卒、屠城的记载不绝于史，人民在兼并战争中所受的灾难也可想而知。秦王政继承了这一政策，吕不韦却有鉴于此，大力提倡“义兵”。在统治思想中，《吕氏春秋》继承了儒家民本思想的精华，提出“天下非一人之天下也，天下之天下也!”秦王政如何呢?他除用严刑峻法来统治和奴役民众外，还要取消私学，要求“以吏为师”，收烧诗书，坑杀儒者，目的是想把民众变成没有思想而只会说话的工具。在吕不韦与秦始皇之间，有如此多的政见不合，思想和路线又是这样尖锐地对立，他们之间斗争的激烈程度，就可想而知了，所以吕不韦最后只落得个草草收场。观其一生，由一个读书未多的年轻富商转而成为贩君买国的政治投机者，直到当上势力显赫的秦国相邦，经商有成，运筹有度，治国有方，吕不韦实在是个不可多得的奇才。他的成功，主要在于其虚心好学和具有博采众家之长的气度，至于他悲凉的离世，则只能怪他权高震主，而且这“主”偏偏又是心胸狭窄而又有虎狼之狠的秦王政，因此，吕不韦唯有一死方能平息二人之间的矛盾。吕不韦最终选择自杀之路，因为他预见到秦王政虽暴虐，但其统一天下的雄心是毋庸置疑的，而这也正是吕不韦的终极目标。再则，出于对六国形势的清楚认识，吕不韦也不可能接受其他诸侯国的邀请。这样，他其实根本不可能再在政治上有所作为了。吕不韦此时已作好了功成身退的准备（即就国河南），但可惜嬴政心胸狭窄，根本无法容忍吕不韦继续保有任何政治影响力，于是又赐书吕不韦，使其那种刚刚被调适到退而求其次的心态一下子又失去了平衡，他的所有功绩均被一笔抹杀。此时的吕不韦清楚地认识到嬴政已不能容忍他继续活在这个世界上，与其等着日后在嬴政的逼迫下屈辱地死去，还不如早早自尽了事。吕不韦的死对秦王政来说可谓是一桩幸事，甚至是一个胜利，但对秦国来说，却未必是福音。吕不韦任相期间，秦灭东周，伐三晋，连续出击，屡战屡胜。显然，秦所进行的这场兼并战争，已经取得决定性的胜利，尤其是消灭六国的最后战略准备在此时已经完成。所以，郭沫若曾说："假如沿着吕不韦的路线走下去，秦国依然是要统一中国的。"① 而且，正如我们所知，吕不韦所奉行的统治政策是在实用主义基础上杂糅百家的主张，这自然要比单纯崇尚严刑酷法的秦王政的政策要高明得多。仅此而言，假如沿着吕不韦的路线走下去，秦统一后决不会在短短的十五年内便国亡主灭。所以，吕不韦之死，不仅是他个人的不幸，也是秦国的一大损失。

三 吕不韦对秦国的贡献

吕不韦虽是凭借政治投机步入秦国政坛的，但他有伟大的政治抱负，更有非同寻常的政治才能。为实现一统天下的理想，他尽心竭力地辅佐秦王。在其主持下，秦国内部百业俱兴，对外战争亦是捷报频传。这些文治武功为秦扫六合打下了坚实的基础，可以毫不夸张地说，吕不韦是秦统一事业的重要奠基人。秦始皇陵的恢宏气势曾使多少游人叹为观止，但又有几人意识到，这项伟大工程的最初设计制造者正是吕不韦。这是吕不韦对秦国的另一项不可抹杀的功劳。

吕不韦与秦国的文治武功

吕不韦是战国后期一位重要的历史人物。他胸怀大志，见识过人。从居邯郸初识秦王孙异人到为相国时任用甘罗、李斯，从外交有方获得燕国十城到攻取周、赵、魏大片土地建立

① 郭沫若：《十批判书》，第 391—393 页，人民出版社，1954 年。

三郡，他为秦平六国一统天下立下了卓越的功勋。吕不韦为政于秦十三年，他重视发展生产，推广铁农具，大兴水利工程，总结农业生产经验，使农作物产量大幅提高；他鼓励从事手工业，使冶铁业、纺织业等达到了相当高的水平；商业及城市经济也长足发展，这不仅带来了东方各国的珍稀特产，也送来了关东轻歌曼舞的先进文化。在对外战争中，吕不韦部署了灭二周，置三川、太原、东郡的一系列兼并战争，使秦背靠秦陇，南有巴蜀，东至大梁，北至上党、太原，几乎拥有大半个中国，初步形成了并吞六国的规模。

屡建奇功的对外战争

吕不韦顺应日益明朗的统一形势，发起了一系列兼并战争。首先于执政之初，攻灭东周。这样东、西周皆入秦，其天下共主的地位已不存，为秦统一天下取得了合法的理论依据。其次对三晋地区造成合围之势，断绝了三晋间的联系，方便了日后各个击破。最后攻破东方五国合纵之盟。这时秦的威势，正如时人所说，“断齐秦之要，绝楚魏之脊，天下五合、六聚而不敢救也”①。

在对外战争中，这时的秦国是连战连捷。秦庄襄王元年(前 249 年)，秦灭东周。同年，派蒙骜伐韩，韩国顺从地献出城皋、巩两地。至此，秦国的国界已接近魏都大梁。秦在夺取的土地上设置了三川郡。秦庄襄王二年（前 248 年），又命蒙骜进攻赵国。蒙骜一路东进，先后取得魏国的高都、汲，以及赵国的榆次、新城、狼孟等三十七城。到庄襄王三年（前 247 年)，蒙骜率兵攻晋阳，大将王龁也同时讨伐韩国上党。不久，这两地皆被秦攻取，秦即以此二城和原先占领的狼孟等三十七城合为太原郡。

① 《战国策·秦策》。

面对强秦的猛烈攻势，各诸侯国从自己的切身利益出发，彼此联合起来，向秦国发起军事反攻。庄襄王三年（前247年），魏国联合赵、韩、楚、燕等国，在魏公子信陵君无忌的带领下，向秦国发动了一次声势浩大的军事进攻。五国军队在河外与秦军展开大战，蒙骜所率曾连续获胜的秦军，这次终因寡不敌众而败北，最终被迫退至函谷关。这次失败，给正踌躇满志的吕不韦当头一棒，这是他掌权以来的第一次败仗，但并没有影响他的斗志，反而对他起了当头棒喝的作用。从此，他更加谨慎用兵，因而这次失败也就成为吕不韦当政时唯一的一次败仗。

秦王政二年（前245年），秦攻取魏国的卷（河南原武城北）；次年（前244年），又取得魏的畼、有诡，秦将蒙骜还率兵攻占韩国十三城；秦王政五年（前242年），秦攻占魏的酸枣、长平、雍兵、山阳等二十城，并在这里设立东郡；秦王政六年（前241年），秦攻占魏国朝歌，并灭掉魏的附庸小国——卫，这是吕不韦的祖国。也许是念及旧情，或者是想再次展示“兴灭国、继绝世”的君子风度，秦未彻底灭掉卫国，而是让其国君角从濮阳迁至野王（河南沁阳），让他在那里继续维持着有名无实的君位，这实际上是一种恩威并重的统治策略。

在秦节节进逼的形势下，赵、楚、魏、韩、燕五国又一次联合起来，在秦王政六年（前241年）由赵将庞煖统率向秦的蕞地发起进攻，但因五国均清楚秦军攻势的不可阻挡，所以在遇到秦军反击后五国很快便挥师东向，转而攻齐。秦则趁各国自相残杀之际，又夺取了赵国的龙、庆都和魏国的汲。秦王政九年（前238年），秦将杨端和又占领魏的首垣、蒲和衍氏。至此，秦所取得的土地，至少有十五个郡以上，占统一以后全国总郡数的近二分之一。更重要的是，在秦国猛烈的军事打击下，东方诸国的军事实力被严重削弱，它们再也无力联合起来抗击秦国，只能坐以待毙。

总之，在吕不韦当政时期，秦国的农业、手工业、商业及文化事业都有了巨大发展，对外战争也屡战屡胜。吕不韦以一个卫国商人的身份进入秦国政坛，控制了全部朝政，却未引起任何反叛、内乱及外国的威胁，这不能不说是一项奇迹，它也向世人证明了吕不韦确实称得上是一个谋略双全的成功政治家。他的执政使秦国国势日隆，为秦统一六国准备了极为有利的条件。吕不韦是秦统一事业当之无愧的奠基人。

成就斐然的国内各业

秦庄襄王元年（前 249 年）至秦王政九年（前 238 年），是吕不韦在秦国当政的时期。吕不韦不愧是一位富有远见卓识的政治家，在这一时期，由于他的有效治理，秦国在内政方面取得了显著的成就。

在农业领域，由于牛耕的普及和铁制农具的广泛使用，秦国农业生产大大领先于其他各国。尤其是造福万世的郑国渠的兴修，使关中地区的大片咸卤地变为可耕的良田，为日后秦国的富强打下了坚实的基础。另外，吕不韦还命人整理编写了一些专门讲述农业生产经验的文章，均收录在《吕氏春秋》一书中，这对促进农业生产的发展也起到了一定的积极作用。

手工业方面，采矿、冶铁等技术已日趋成熟，特别是兵器制造技术已十分精良，最著名的要属秦始皇陵遗址附近出土的秦剑，出土时色青光洁，锋满刃利，寒光森冷，从铸造技术上考察，可以看出错磨、抛光等精制程序。另外，当时秦国的制陶业也很先进，日常生活用品中的陶器种类很多，除盆、罐、缶以外，还有瓦水管、瓦当等。当时的陶水管均一头大一头小，可以鱼贯套装，显然已是有计划地按统一规格批量生产了。此外，秦国的纺织业、漆器生产、皮革和煮盐业等在这时亦达到相当高的水平，并在国家经济中占有十分重要的地位。

秦国的商业及城市经济在吕不韦执政时得到了长足发展。吕不韦出身商贾，出于对故业的理解，他执政后，大力鼓励发展商业，他所排的《月令》中就有有关商业活动的内容：“仲秋之月，易关市、来商旅、入货贿，以便民事。”[①] 他清楚地认识到，只有让商业活动发展起来，才能使物资流通、经济发展。当时，秦国还出现了富比封君的大商人，秦始皇后来还曾表彰巴地的大富豪寡妇清为“贞妇”，并为她筑怀清台，这表明此时商人在秦的地位亦有所上升。经济的繁荣及商业的发展为秦国的对外开放提供了可能性和必然性，东方各国的珠宝美玉、太阿之剑、纤离之马、翠凤之旗等珍品陆续传入秦宫，而关东的郑卫之音、轻歌曼舞及绘画刻石等文化色彩浓厚的技巧也随着东方各国宾客的到来而纷纷传入秦国，咸阳城一时间歌舞升平，呈现出一派生机勃勃的都会景象。

吕不韦与秦始皇陵

秦始皇陵被称为世界八大奇迹之一，可能很少有人想到，吕不韦对这项工程有着不可抹杀的功绩。战国时期的王陵多由相国督建，因此，秦始皇陵的初期工程亦由其相国吕不韦主持。在沿袭先秦建陵传统和力主节葬两个思想的指导下，吕不韦为始皇陵选择了合适的陵址，设计了蓝图布局，并监督了早期工程的进展。可秦始皇亲政后，彻底改变了吕不韦的造陵风格，使吕不韦的苦心孤诣付诸东流。

位于西安市临潼区的秦始皇陵，南踞骊山，北临渭水。这里山林葱郁，层峦叠嶂，渭水如练，飘然东去，始皇陵高大雄浑的气魄在这如诗如画的景色中一展无余。20 世纪 70 年代，秦陵兵马俑的发现更使始皇陵身价陡涨，一跃而成为世界第八

① 《吕氏春秋·仲秋》。

大奇迹的主人，这是何等的荣耀！今天，所有参观秦始皇陵兵马俑博物馆的人都会情不自禁地为其恢宏的气势所倾倒，然而，此刻谁又曾记得，始皇陵这一伟大工程的最初设计和督建者，是当时的秦国相邦——吕不韦。

1. 主持始皇陵初期工程

公元前247年五月，秦庄襄王驾崩，其子嬴政即位，此即后来的秦始皇。按秦国的传统，新王一即位，就要预备将来的陵寝。《史记·秦始皇本纪》记载："始皇初即位，穿治骊山，及并天下，天下徒送诣七十余万人，穿三泉，下铜而致椁，宫观百官奇器珍怪徙藏满之。"这表明，嬴政遵循了即位即建陵寝的传统。由上述记载还可获知，秦始皇陵的修建，前后至少经历了两大阶段，一是从嬴政初即位到统一天下，二是从统一天下到始皇去世。如果把始皇死后陵园的扫尾工程计算在内，那么陵园修建经历了三个阶段。吕不韦辅佐嬴政当政是秦王政元年至十年（前246—前237），这一时期正好包含于陵园修建的第一阶段，始皇帝陵园的选址和陵园的初期规模自然也是在这个时期进行或完成的。在战国时期，相国负责君王陵墓工程是屡见不鲜的，如战国中期中山国王墓就是由当时的相邦司马赒监修的，这一点已为中山王墓出土的铜版兆域图中的诏书所证实。再如督建秦陵二期工程的李斯，也正是以丞相的身份来行使监督职能的。因此，身居相位的吕不韦担任始皇陵初期工程的总管便顺理成章。

2. 依礼制择陵址

吕不韦究竟依照什么原则来选定陵址？从吕不韦一贯注重礼制、名分的事实出发，可以想见，吕不韦为始皇陵所选的位置多半还是沿袭传统，尤其注重与秦先公陵墓排列的有关礼制相符。具体来说，秦的宣太后、昭襄王、庄襄王都葬在芷阳，秦人迁都咸阳后，由咸阳到骊山这一线便成为其陵区，而古人的陵墓又讲究“昭穆有序”，所以，始皇陵只得选在位于庄襄王陵以东地区，在这一片区域内，唯有骊山山阴的地理环境优美雅静而得天独厚，因此，以此处为陵址似乎就是自然而然的事情。

3．定蓝图，设布局

陵址选好了，紧接着就是设计蓝图。这本应是皇帝自己的事情，但因嬴政已将所有权力及义务交付吕不韦，因而便由吕不韦代劳。这种施工蓝图，在《汉旧仪》中称作“章程”，早些时候叫作“兆域图”。据《汉旧仪》记载：秦始皇“使丞相李斯将天下刑人徒隶万人作陵，凿以章程，三十七岁，锢水泉绝之，塞以文后，致其丹漆，深不可入”。这表明，秦始皇陵的建造是有“章”可循的。从时间上推算，这章程最初应是在嬴政即位后不久制定的，因而，它一定与吕不韦有着千丝万缕的联系。而此工程历经 37 年之久，其间秦国的内外形势发生过天翻地覆的变化，故而这章程也不会一成不变。所以，确切地说，吕不韦是秦始皇陵最初章程的设计者。那么，吕不韦的设计包含了哪些内容呢？《礼记·中庸》云：“事死如事生，事亡如事存。”可以说，这是我国古代陵园修造的指导思想。战国以来的诸侯陵园“设阙庭，为宫室，造宾阼也若都邑”，这应是制定秦始皇陵园章程的现实依据。从今天的考古发现可知，始皇陵园有园有寝，可同咸阳有城有宫相对应；而其从葬内容（马厩、铜车马、兵马俑、珍禽异兽坑），也同都城的设施（苑囿、御府、宿卫等）相仿佛。由此看来，吕不韦基本上是依照当时国都咸阳的面貌来设计骊山陵园的。然而，此工程开始后，咸阳城的规模不断扩大，陵园设计与都城发展的不统一在所难免，而且，陵墓制度有其本身发展的规律，决不可能脱离这一轨道去模仿都城，再则，事实上想要将死者生前所享用的一切完全依样画瓢地搬入地下王国也是决不可能的。

此外，在吕不韦辅佐秦始皇的十年中，皇陵工程从未中断，因而督造陵园成了吕不韦义不容辞的责任。尽管他也许会由于内政外交等诸多事宜的羁绊而无暇多顾，但他决不可能于定好设计图后就与该工程诀别。然而，由于史料的匮乏，我们已无从获知吕不韦督造始皇陵的详细情形，这只能有待日后的考古发现去作更详细的诠释了。

第二章

吕不韦与《吕氏春秋》

战国末年，学术下移，私人著述与日俱增，形成了百家争鸣的兴盛局面。执掌秦国政权的吕不韦基于为即将形成的大一统国家寻找理论方案的需要，把统一的愿望扩大到思想文化领域，他下令三千门客广征博引，兼收并蓄，将诸子学说齐聚一堂，然后以务实的观点对其品评缕析，剪裁取舍，最终形成了《吕氏春秋》这样一部“备天地万物古今之事”的杂家大作。该书体例严谨，但内容却十分庞杂，故历代评论对其褒贬不一，然而总体上却是褒多贬少，这多少为吕不韦在历代士人心目中挽回一些地位，正所谓：书以人而成，人以书而名。

第一节　吕不韦与《吕氏春秋》的编纂

当战国养士之风蔚然兴起后，吕不韦以海纳百川的大家风范招纳门客三千，不惜耗费巨额资金与精力，致力于《吕氏春秋》一书的编纂。此书于秦王政八年（前239年）编成，书成后吕不韦特加《序意》一篇，阐明其成书时间及著述意图，这成为吕不韦主编此书的力证。吕不韦对《吕氏春秋》一书可谓费尽心机，为使其广为人知，他甚至不惜抛出“一字千金”的承诺，这是何等的气度。对《吕氏春秋》，吕不韦的主编之名是当之无愧的。

一 《吕氏春秋》成书的时代氛围

吕不韦在秦国当政的时代，上承秦昭王称霸诸侯、连年征战的风云激荡，下启秦始皇统一六国、御守海内的威震殊俗，是一个统一趋势已十分明显的过渡期。这一时期，秦本土已实现统一，政治上比较稳定，生产发展有一定保证，这就使秦在对外战争中有了稳固的后方。在外部环境方面，六国濒临灭亡的颓势越来越明显，各国之间矛盾重重，其内部也各有不同的竞争帮派，内忧外患交困。秦国巧妙地利用了这些矛盾，借此逐渐具备了统一六国的可能与实力。

然而政治上的变化总是要快于思想文化上的演变，虽然这时要试图改变秦国一统天下的趋势已如螳臂挡车，但思想文化领域的"百鸟齐鸣"却依然久盛不衰，丝毫未显示出要转变为"百鸟朝凤"的迹象。战国时代，诸侯林立，以往被视为礼制、法度之楷模的周王朝早已失去号召力，各国君主纷纷按自己的意愿各自为政，尊儒、崇法、信道、重农等各种观点在不同国家间并存。随着战国末年政治局势的演变及新兴士人对此越来越精确的分析，各国都渐渐意识到仅靠一种学说来实行统治已不足以应付纷繁多变的时局，于是他们开始信奉"海纳百川，有容乃大"，不论持何派观点，只要有利于国家统治，就可以接受。这一统治策略的调整加快了战国末年士人的跳槽频率，其直接影响便是促进文化交流与融合，各个学派不再互相敌视，他们终于能够心平气和地和平共处了，虽然偶然还会出现一些疾言厉辞的激烈争论，但他们已学会了为实现"天下大治"这一共同目标而包涵、忍让。于是，中国思想界的第一次大解放出现了，这就是"百家争鸣"。这种开放的文化氛围为《吕氏春秋》一书的编写提供了必要的"软件"——即诸子百家思想的兼容并存，这就使其可以成就其杂了。

春秋以前，著书立说被认为是严肃而神圣的事情。当时，做文章、写书都是官府委派官吏、士所做的事，所写的内容也多是官府的文告、占卜的记录和历史，因此作者的官名就叫史或卜。到春秋战国时代，以前那种“学在官府”的局面改变了，文化逐渐传入寻常百姓家，特别是经春秋时代孔子（前551—前479）的提倡和传播，开民间讲学之风，一般百姓读书识字多了起来，私人著述也渐渐出现。如孔子讲学的内容，就被他的弟子及再传弟子整理记录下来，编成语录式著作，即为《论语》。到了战国时代，越来越多的士人将自己的理论、主张、对人生的思考及对事物的见解写出，各成一家之言，这就形成了《老子》《庄子》《法经》《商君书》《墨子》等许多私家著述。他们有的讲哲理，有的谈兵法，有的说逻辑，有的论政治，各种观点、各种派别都有作品传世，这就是战国时代的“百家争鸣”。

面临全国即将统一的新形势，地主阶级内部各派思想家和政治家，都开始着手研究完成统一大业的军事和政治策略，以及统一后新生国家如何进行统治的问题。各国统治者亦开始广纳贤良，当时“魏有信陵君，楚有春申君，赵有平原君，齐有孟尝君，皆下士喜宾客以相倾”[①]。他们养这些宾客，除了要获得礼贤下士的美名外，主要还是想从中汲取一些安邦治国的正确策略。这些宾客不仅成为供养者的私家势力，而且能协助其主辅政治国，成为其智囊团的人才库，即使是鸡鸣狗盗之徒也能在关键时刻发挥作用。秦军虽倚其强大军事实力连年东进，而齐、赵、魏、楚四国却未立即崩溃，反与强秦对抗达数十年之久，这不能说与这些国家所养宾客的出谋划策毫无关系。

---

① 《史记·吕不韦列传》。

而这时的秦国，虽也有吸收外来人才的优良传统，但所吸收的人才的范围十分狭窄，主要只是欢迎持法家观点的人物，所以严格地说，秦国并没有“养士”之风。但战国时代，士已成为社会上举足轻重的一股特殊势力。他们有一定的文化或专长，善游说，不受国家、宗教、经济和政治地位的限制，以自己的才能寻求赏识自己的明主，从而求取官位、功名。这些人为追求富贵而奔走于各国，在政治舞台上起着举足轻重的作用，所谓“入楚楚重，出齐齐轻，为赵赵完，畔魏魏伤”。他们的思想观点不一而同，有儒、道、墨、法、阴阳、刑名、农、兵等各种不同学派，而法家学派不过是这众多学派中的一派，秦统治者却因推崇酷法的有力统治而唯此派独尊，这显然已不适应战国末年这种具有极大包容性的统一趋势的要求了。因此，到吕不韦当政后，他从多年经商时奔走于各国的所见所闻中认识到“士”的重要作用，他深为秦国之士的屈指可数而自愧不如，便也开始大量养士，招致了几乎当时所有派别的士人。这些人构成了战国末年最高质量的智囊团，在他们的协助下，吕不韦才得以把偌大的秦国治理得井井有条。吕不韦的门客中能人辈出，最著名的莫过于李斯了。李斯本来出身于楚国的下层社会，年少时遍尝人间屈辱与苦难，对跻身上层社会有强烈的渴望。他青年时代曾和韩非一起向荀子学过“帝王之术”，结果自创了惯用阴谋诡计的权术论。学成之后，李斯便趁吕不韦招贤纳士的良机奔到了吕不韦门下，“不韦贤之，任以为郎”。李斯抓住机会，极力表现自己的才能，为秦王政所看中，后来竟官至丞相，与此时的吕不韦不相上下。然而吕不韦身边也不可能全都是像李斯这样有安邦定国的奇才大略的大贤，他们中更多的是一些只懂一技之长的小才，像这样的人，发挥作用的机会自然很少，可也不能就这样白养着他们。吕不韦经过一番思考，终于想出一个可以把所有门客都派上用场的好办法：让他们群策群力，共同编一本集当时各学派之大成的书籍。这样，吕不韦组织编写《吕氏春秋》一书的硬件——执笔者就具备了。至此，中国历史上第一次私人组织的大规模的文化整理工作开始了，其结果是编成了《吕氏春秋》这部书。

二 《吕氏春秋》的成书年代与书名

《吕氏春秋》一书作为战国末年诸子百家的集大成之作，已越来越为学术界所重视。关于此书的成书时间，其《序意》篇中明确记载为："维秦八年，岁在涒滩。秋，甲子朔，朔之日，良人请问十二纪。"然而由于历法认识方面的差异以及对古人作书习惯的不同理解等原因，历来对此书成书时间颇有争议，计有八年说、七年说、六年说等不同观点。

三说概览

1. 八年说

最早提出此说的是汉代的高诱，其《吕氏春秋·序意》注云："八年，秦始皇即位八年也。"宋代吕祖谦亦持此说，他说："不韦《春秋》，成于始皇八年，有曰'维秦八年，岁在涒滩。秋，甲子朔，朔之日，请问十二纪'，此其成书之岁月也。"清周中孚《郑堂读书记》称："书成于始皇八年，有《序意》篇可为证。"《四库全书总目·子部·杂家类》也从《序意》之记载而否定"不韦迁蜀，世传吕览"之说。当代史学家郭沫若明确指出"维秦八年"就是秦王政八年（前 239 年），他还进一步解释涒滩与后世甲子纪年之逆推不合的原因是古人太岁纪年依实际天象而得，故而会与后世甲子并不一样。现代学者赵年荪受此启发，迈出了从天文历法角度对吕书成书年代进行验证的第一步，他已得出"维秦八年，岁在涒滩"准确无误的结论，只是其论证过于简单，有些不易理解。[①]

2. 七年说

姚文田《邃雅堂集·吕览维秦八年岁在涒滩考》及钱穆《吕不韦著书考》认为吕书成于秦王政七年（前240年）；田凤台认为《序意》所说八年实统庄襄王而言，吕书成书应在秦王政七年（前240年）。[②] 此外，一些历史年表也采用这一说法，如柏杨主编的《中国历史年表》中“前240年”条后列：“辛酉年，秦始皇七年，秦相吕不韦著《吕氏春秋》问世。”冯君实主编的《中国历史大事年表》亦有“前240辛酉秦王政7年，吕不韦招宾客著《吕氏春秋》”之条。在近年的考古发现中，由马王堆汉墓帛书《五星占》记述及附表整理的秦及汉初岁星纪年表中也列有“秦始皇七年，太岁在申”，即此年为“涒滩”。

3. 六年说

清代学者孙星衍在其《问字堂集》中称：“考秦庄襄王灭周后二年癸丑岁至始皇六年，共八年，适得庚申岁，申为涒滩，吕不韦指谓是年。”这就是说，秦庄襄王元年（前249年）灭东周，次年秦以东周之继任自居，从这一年到秦王政六年（前241年）恰好为八年，由后世干支纪年推算此年为庚申岁，而“岁在涒滩”曰申，故吕不韦所说秦八年实际应为秦王政六年（前241年）。孙氏这一结论被当代学者陈奇猷及李家骧所继承。陈认为十二纪确系成于秦王政六年（前241年），而八

① 赵年荪：《关于〈吕氏春秋〉成书年代之我见》，载《苏州大学学报》，1987年第3期。

② 钱穆、田凤台、李家骧之观点，见李家骧：《中外“〈吕氏春秋〉学”评考综要》（下），载《湘潭大学学报》，1999年第1期。

览、六论则成于吕不韦迁蜀之后；[1] 李家骧则坚持吕书是一次性完成于秦王政六年（前241年）。

以上就是三说概况，从中可见其争论焦点集中于“岁在涒滩”到底是哪一年上。要弄清这一点，我们必须首先对我国古代人民的星岁纪年法作一概括了解。

星岁纪年法概览

星岁纪年法是利用岁星运行规律来纪年的方法。岁星即木星。我国古代人民很早就认识到木星约十二年运行一周天。人们把周天分成十二份，称为十二次，木星每年会行经一次，所以就用木星所在星次来纪年，这被称为星岁纪年法。《左传》《国语》中所记载的“岁在星纪”“岁在析木”等记录即属于星岁纪年法。春秋战国时期，诸侯割据，各国都用本国帝王年号纪年，而岁星纪年则可避免混乱，便于交往。由于岁星运行方向与当时通用的以地支排列的十二辰的计量方向相反，所以人们又设想有这样一个天体，它的运行速度也是十二年一周天，但运行的方向是循十二辰的方向的。这个假想的天体称为太岁。当岁星和太岁的初始位置关系规定后，就可从任何一年岁星的位置推出太岁所在的辰，因而就能用十二辰的顺序来纪年。当时对太岁所在的子、丑、寅、卯、辰、巳、午、未、申、酉、戌、亥十二个年，给以相应的专名，依次是困敦、赤奋若、摄提格、单阏、执徐、大荒落、敦牂、协洽、涒滩、作噩、阉茂、大渊献。

采用岁星及太岁纪年法，虽有一定的天文依据，但却不够准确，因为岁星绕天一周，并非十二个整年（地球年），而是11.86年，因此，每隔86年，就要超过一个星区。所以星岁

① 陈奇猷：《〈吕氏春秋〉成书的年代与书名的确立》，载《复旦大学学报》，1979年第5期。

纪年法名为纪年，实际所纪的是岁星之年，而非地球之年，它不能反映地球公转的时间长度。作为一种历法，《岁星历》有这样的本质缺点，加之其名称繁难，故而自西汉以后，就逐渐不再使用了。但与此相配而生的干支纪年法却为《太初历》及《四分历》所沿用，这种纪年法实际已与岁星脱离了关系，而成为后世干支纪年的来源。

“秦王八年，岁在涒滩”考证

有了以上的纪年法知识，我们可以知道，“秦王八年”属帝王纪年，而“岁在涒滩”是星岁纪年。帝王纪年亦称史家纪年，各国不同，一般是按王公即位的年次顺序递纪，至其出位为止。秦王嬴政于庄襄王三年（前 247 年）嗣位，翌年称元年，统一全国称始皇时纪年为二十六年，死时为三十七年，一直未见更元，而且秦国国君中除惠文王外，均未更元。由此我们可以肯定“秦王八年”是指秦王政八年（前 239 年），这是不容置疑的。

那么，这一年是“岁在涒滩”吗？查历表，这一年的干支纪年应为壬戌，依此则与其相对应的星岁纪年应为“阉茂”，而非“涒滩”。这是什么原因呢？当代学者张俊麟认为这是由于岁星超辰两次所致，他定公元前 529 年为申宫，向下顺推到公元前 239 年申宫，在这 290 年期间，按每 144 年超辰一次算，共有两个超辰年，故需超辰两次。[①] 这种说法颇值商榷。首先，我国开始使用星岁纪年法大约在公元前 4 世纪初（约前 400—前 370），所以用公元前 529 年作标准似乎缺乏现实依据；其次，其文中所采用的 144 年超辰一次的根据，既不符合

① 张俊麟：《“维秦八年，岁在涒滩”求因——试析“郭沫若先生用岁星超辰法推算屈原生辰说”之正误》，载《人文杂志》，1994 年第 5 期。

科学测算的结果，又未曾在实际生活中应用过，因此其结论的可靠性值得怀疑。此外，赵光贤先生也从星象角度对此问题作出解释，他认为，公元前 365 年岁星正在星纪之次，这是实际天象，当时的占星家依此为准来治历（未知超辰之事），于是过了 120 年，即公元前 245 年（秦王政二年），岁星已进入玄枵之次，而于历法上仍在星纪，于是用太阴纪年法，即以太阴在寅、岁星在丑的对应关系，下数六年至秦王政八年（前 239 年），太阴在申，即涒滩，与《吕氏春秋》所言正合。作者还特别指出，此虽不符合实际天象，但合于当时所行历法。就当时所行历法来说，“维秦八年，岁在涒滩”是完全正确的，而且古人只以干支纪日，并不纪年，以干支纪年当始于东汉。于古代则逆推而上，不独此一“壬戌”，凡古代所有干支纪年全不可信。[①] 这一论述堪称精当。但由于关于秦王政八年（前 239 年）以前的星岁纪年资料有限，而作者在文中亦指出“岁阴的发明当在战国末年，所以在古书里只一见于《吕氏春秋》，他书未见”，因此这种推法之中包含了许多推测的成分，不如从后向前依确凿的文献记录推断来得准确。下面我们就从秦王政八年（前 239 年）至汉武帝太初元年（前 104 年）间的历法变更中来寻求一个新的解释。战国时所使用的岁星纪年是依甘氏或石氏星经推算而来的。秦统一中国后，使用太阴在寅、岁星在亥的纪年方法，使原太阴、岁星超一辰，后岁星又单超，一辰即太阴入单阏，岁星入降娄。到汉武帝太初元年（前 104 年）改用《太初历》时，又对岁星后纪年作过超辰一次的处

① 赵光贤：《“维秦八年，岁在涒滩”释惑——兼论秦汉时代与历法相关的问题》，载《人文杂志》，1994 年第 3 期。

理，即太岁超困敦纪入赤奋若，岁星超星纪入玄枵。[①]

由此可知，在秦王政八年（前 239 年）至汉武帝太初元年（前 104 年）的百余年中，岁星已有两次超辰，这与岁星纪年每 86 年需要超辰一次的要求是大致相符的。《史记·天官书》记载："昔之传天数者：於宋，子韦；郑则裨灶；在齐，甘公；楚，唐昧；赵，尹皋；魏，石申。"依此，则唯独秦国无"传天数者"。而据《史记·秦本纪》："（昭襄王）八年，使将军芈戎攻楚，取新市。齐使章子、魏使公孙喜、韩使暴鸢共攻楚方城，取唐昧。"这表明至昭襄王八年（前 299 年）唐昧死时秦国尚无专门传授历法的人。然而到了秦王政八年（前 239 年），身为秦相的吕不韦在其所著书中已明确使用"岁在涒滩"来纪年，据此推测，秦开始使用星岁纪年必在昭襄王八年（前 299 年）之后。从这时算起，到秦始皇二十六年（前 221 年）已有 78 年，这对岁星的运行来说已产生了近一次的超辰，故而秦统一时的超辰是有其现实依据的。而从秦昭襄王八年（前 299 年）到汉武帝太初元年（前 104 年），则有至少 195 年的时间，这又恰好接近于岁星超辰两次的年限（172 年），所以这次超辰也并非随心所欲，而是一次顺应岁星运行规律的审慎行为。

具体说来，秦始皇统一中国时，由于战国诸侯所用的历法各不相同，而秦又沿袭自己的传统，采用十月为岁首的纪年方法来统一全国的纪年，这样，岁首的差异可能导致了岁名的混乱，于是人们便根据岁星运行的实际情况对纪年作了人为的修正。而汉武帝元封七年（前 104 年）的改历是在此年五月，又将岁首从十月改为正月，这样从元封七年（前 104 年）到太初二年（前 103 年）正月之间，即后世所称之太初元年（前 104

① 徐锡祺：《新编中国三千年历日检索表》，第 79、90 页，人民教育出版社，1992 年。

年)，就有十五个月。这对与星象息息相关的星岁纪年无疑是有影响的，所以为了使新历与实际岁星运行相符合，便在改历时使岁星超辰一次，即由“困敦”超为“赤奋若”，与此相适应，其干支名也由“丙子”超为“丁丑”。

这里需要指出一点：《史记·历书》中有“至今上即位，其更以七年为太初元年，年名‘焉逢摄提格’”，其后的《历术甲子篇》亦以太初元年为‘焉逢摄提格’，即司马迁认为此年岁名应为摄提格。但据《汉书·律历志》来看，虽在武帝改历前确实算出过“元封七年，复得‘焉逢摄提格’之岁，中冬十一月甲子朔旦冬至，日月在建星，太岁在子，已得太初本星新征”，但其后因大典星射姓等“奏不能为算”，最终选用的仍是邓平等人制定的太初历，即用岁名为“赤奋若”。其实上述推算结果本身也是有问题的：太岁在子，岁名应为“困敦”，何得为摄提格呢？这大约正是射姓等“奏不能为算”的原因吧。由以上两次超辰，我们可知太初元年（前 104 年）的岁名实际已比秦王政八年（前 239 年）岁名的次序超出两次了，故而依太初历推算，必将秦王政八年（前 239 年）的“涒滩”前移两年，即得出秦王政六年（前 241 年）为“滩”的结论。

同样，在秦王政八年（前 239 年）至汉武帝太初元年（前 104 年）间的干支纪年也发生过两次变化。一次上文已提及，即太初元年（前 104 年）干支由“丙子”超为“丁丑”。另一次是在汉高帝元年（前 206 年）。依秦历干支法排列，此年本应为“癸巳”，但据《汉志》则“其岁名曰‘敦牂’，太岁在午”。所以只有一种可能，即在这一年干支超用甲午。今人章鸿钊提出：“在汉高帝元年，岁次本应是‘癸巳’，但为超用甲午所隐蔽而成为虚次，四分历更定甲午为秦二世三年的岁次。"[1] 而孙星衍正是用四分历的更定去逆排而得出秦王政六年（前241年）为"庚申"的结论，这显然是有悖于实的。今人刘坦对此有专门解释，其文云："后之学者，忽略从秦始皇八年迄汉武太初元年，其间有两处超越顺序之岁次——汉高帝元年超癸巳在甲午——汉武帝太初元年超丙子在丁丑，但取四分历纪年岁次之体系完整，推数顺利，于是言秦始皇八年之岁次者遂曰壬戌。"[2]

另外，我们发现七年说的根源如下：说七年"岁在滩"是只考虑了一次超辰的结果，即仅以始皇二十六年（前221年）为"单阏"作标准逆推而得的；而说七年为申，则是仅以汉高帝元年（前206年）为甲午作标准推算的结果。这两个结果当然是错误的。由马王堆汉墓帛书《五星占》所整理的"始皇七年，太岁在申"，显然也是因为未考虑超辰而仅以汉高帝元年（前206年）为甲午而推得的，故而其中关于秦的纪年是不可取的。

最后让我们再回到《吕氏春秋·序意》所说的"维秦八年，岁在涒滩。秋，甲子朔"。据我国著名天文史学家陈久金考证："查历谱秋季有甲子朔的年份，在这前后十年之内只有秦八年有。"[3] 由此，我们更可以确信《吕氏春秋·序意》中关于其书成书年代的记载是准确无误的，即为秦王政八年，岁在涒滩，此年为庚申年，也就是公元前239年。

成书的过程

关于这一年是成书年代还是开始编书的年代的争议主要来

① 章鸿钊：《中国古历析疑》，第81页，科学出版社，1958年。

② 刘坦：《〈吕览〉滩与〈服赋〉单阏、〈淮南〉丙子之通考》，载《历史研究》，1956年第4期。

③ 《中国天文学史文集》，第107页，科学出版社，1978年。

自对“维秦八年，岁在涒滩。秋，甲子朔。朔之日，良人请问十二纪……”这段记述中“良人”所指对象的不同理解。认为这一年是开始编书的时间的人将“良人”理解为参加撰写的门客，因而认为这段话是指吕不韦在编书之始向他的门客们传达其编书意图的。但依照我国古代惯例，往往是书作成后才作序，所以这段载于《吕氏春秋·序意》中的记述自然也应成于书成之后，如此看来，认为它是传授编书意图的主张就站不住脚了，而且，只要将上述引文的原文再往下读一点，就会看到“良人请问十二纪。文信侯曰：尝得学黄帝之所以诲颛顼矣，爰有大圜在上，大矩在下，汝能法之，为民父母”的叙述。“汝能法之，为民父母”显然是给当时的国君，也就是《吕氏春秋》一书的重点针对对象秦王政说的，故而，这里的“良人”理解为秦王政更合适些，这样才能使《吕氏春秋·序意》上下文意通顺。由此，我们可以推出，这段话是书成之后作序时向秦王政阐明编书目的的，所以这一年自然应当是成书之年。

那么，《吕氏春秋》到底是几次成书的呢？陈奇猷认为是分两次成书的，理由如下：第一，古人习惯书成后作序。《序意》置于十二纪之后，其内容又无一字提及览与论，故布于咸阳市门的只是十二纪的六十篇，外加《序意》一篇，迁蜀之后，才又写成八览、六论，故太史公独说世传《吕览》。第二，《吕氏春秋》纪、览、论三部分是各自独立的。“迁蜀后所作的八览六十四篇（今本缺一篇）即名“八览”，司马迁为了要明确其出于吕氏，因而称之为《吕览》。”[①] 第三，据《六国表》，从吕不韦迁蜀至秦王政十二年（前235年）吕不韦卒，其间只

① 陈奇猷：《吕不韦和〈吕氏春秋〉新评》，载《复旦大学学报》，1979年第5期。

有两年左右的时间。在此短促时间内，要完成八览、六论共一百篇约九万字的巨著，似显仓促，但吕不韦是令门客“人人著所闻”，况且门客的文章多是现成的，是抄袭师传下来的著作，“据此，八览、六论在迁蜀后不久编成是没问题的”。然而这些理由大有商榷之处。《吕氏春秋》中览、论、纪的排列是有据可证的，最早的如《史记·吕不韦列传》及《十二诸侯年表》，依此则《序意》列于十二纪后，即在全书之末，这与古人惯例是相符合的；且《序意》是一残篇，其文脱漏错简为古今学者所公认，就连陈先生也承认其“多有脱文”“文义未完”。因此，篇中没有述及的内容（览、论）就不能说必为原文所无。故而上述第一个理由难以成立。至于第二个理由，也不能成立。陈先生说迁蜀后所作八览即名《八览》，司马迁称之为《吕览》，依此说，司马迁只说了“不韦迁蜀，世传《吕览》”，那么，六论与八览是否同时完成？如不是（事实上不可能同时完成，必定有先后之分），则《吕氏春秋》不就应是三次成书了？这与陈先生所主张的二次成书显然又不相符。况且，读司马迁《报任安书》中关于“不韦迁蜀”一段，不难看出其本意是在抒发刑余感慨之情，表述愤而著书之意，主旨不在考订史实，这里所载明显是有讹误的，除与《吕不韦列传》中所记《吕氏春秋》成书时间不符外，关于韩非所作《说难》《孤愤》的时间也有错误。《老子韩非列传》记述韩非作此文是在入秦以前，秦王因见其书而思其人，但这里却说“韩非囚秦，《说难》《孤愤》”。所以，这里的“世传”不妨作流传讲，即是说吕不韦失势后，其书却并未磨灭，太史公正是借此来自励的。在第三个理由中，陈先生也认为时间上有些仓促，但这个“两年”还是经过放大了的期限。实际上，秦王政十年（前 237 年）十月，吕不韦免相，十一年（前 236 年），之河南；岁余（即秦王政十二年，公元前 235 年），诸侯宾客使者相望于道，请文信侯，“秦王恐其为变，乃赐文信侯书”[1]。据《史记·秦始皇本纪》记载：“十二年，文信侯不韦死，窃葬，其舍人临者，晋人也逐出之；秦人六百石以上夺爵……秋，复嫪毐舍人迁蜀者。”由此可知“饮鸩”“窃葬”及逐迁不韦舍人均在秦王政十二年（前 235 年）秋以前，所以从赐书令迁蜀到不韦去世，最多不过短短数月，在这期间要完成八览六论约九万字的巨著，就不可能了。由上可知，陈先生的二次成书说是不能令人信服的。

事实上，从总体结构看，《吕氏春秋》本来就是浑然一体的。它是根据“法天地以行人事”的基本思想来谋篇布局的。在这样的体系中，十二纪、六论、八览分别依照“上揆之天、下验之地、中审之人”的三要素来构建，十二纪按“天曰顺”的规律安排人事；六论则按“地曰固”的特性广加推绎；至于八览，则按照“人曰信”的要求分门别类地论述人事行为规范。这样三个结构体系结合起来使得《吕氏春秋》的总体结构体系具有了严整的系统、鲜明的目的和清晰的格局。这样谨严整齐的体例，充分说明《吕氏春秋》是在一个系统完整的指导思想下一气呵成，而非两次或多次成书。

至此，我们可以明确：《吕氏春秋》一书是在秦王政八年（前 239 年）编成的。这一年是成书之年，而且，此书为一次编成，并非二次成书。

书名的来历

那么，《吕氏春秋》这个名称有何来历呢？这其中着实包含了吕不韦及其门客的一番思索。按当时私家修书的一般命名习惯，一是以编书人的姓氏来命名，如《老子》《庄子》《孟子》《墨子》等，依此则可将其书命名为《吕子》，但《吕氏春

① 《史记·六国年表》。

秋》一书为众门客集体创作而成，吕不韦虽名为主编，但其亲手所作文章太少，这样，若真以其姓氏命名，众门客必难于接受；二是按书中所涉及的最主要的学术派别的名称来命名，如《道德经》《法经》等，但这种方法对吕不韦之书却更不可行，因为其内容观点非一家一派之言，而是“兼儒墨、合名法”，凡当时出现过的学派之学说，在此书中均可见一斑，所以无论取哪一学派的名称来命名，都会犯以偏概全的错误。

于是，当时习惯的命名方法均被否决，在众人激烈争论后，终于产生了一个能为大多数人所接受的方法：依古代史书的命名方法来命名。因为在所有的学科中，涵盖领域最广的就是“史”，而能“备天地万物古今之事”者非“史”莫属，同时，在先秦时期，重要的史书都称为“春秋”，如《鲁春秋》《齐春秋》等，所以吕不韦之书名之“春秋”是最合适的。然而与《鲁春秋》《齐春秋》等不同，吕不韦所编之书属私人组织编纂，所以自然不宜称《秦春秋》，何况此书也非专讲秦国之历史。为避免这一问题，吕不韦最终决定突出他的主编地位，将此书定名为《吕氏春秋》，给人的印象是此书乃吕不韦所认识的历史，即由他“上观尚古，删拾春秋，集六国时事”所汇成之书，这样，不论其书内容多么庞杂，都可以囊括在内了，因为一个人对世界的认识是方方面面的，无论写什么，都是个人认识的一个反映，都是能够被允许的。于是，这部由吕不韦主持编写的、出自众多文人之手的鸿篇巨制，便以《吕氏春秋》之名面世了。

三　吕不韦与《吕氏春秋》的编纂

《吕氏春秋》的编写与吕不韦的苦心孤诣是分不开的。《史记·吕不韦列传》记载“吕不韦乃使其客人人著所闻”，说明编书的动意正是由吕不韦提出的。而《隋书·经籍志·杂部》称

“《吕氏春秋》二十六卷，秦相吕不韦撰”，这更是将吕不韦对《吕氏春秋》的编纂之功极度夸大。不论是亲自写或派人写，吕不韦参与了《吕氏春秋》的编纂都是不容否认的事实。吕不韦不仅发起组织了这项文坛盛事，而且是这项大型文化整理工作的唯一出资人，仅凭这些，他对《吕氏春秋》的成书就已功不可没。

但是，历史上对此表示怀疑的也不乏其人。宋人黄震说：“今其书[①] 不得与诸子争衡者，徒以不韦病也。然不知不韦固无与焉者也。”[②] 这种观点在清代也有人提出。他们基本肯定《吕氏春秋》一书，但却对吕不韦其人抱有偏见，故而不愿将二者相提并论。这是由于他们从封建正统思想出发，认为吕不韦出身商贾，属于经营末业的卑贱之人，由于囤积居奇以及以吕易嬴等丑闻广为流传，故而品德极差；再加之他读书不多，文化功底浅薄，没资格当此书的主编。而事实是怎样的呢？吕不韦主编《吕氏春秋》明知嬴政生性暴戾，却处处批他的逆鳞，找不到一点阿谀逢迎之辞。而且，在他饮鸩自尽之后，他的门客千余人，冒着被驱逐、削爵、流放的危险将他窃葬。假如他是个猥琐小人，他的门客岂能如此尽心？所以，我们绝不能将吕不韦一棒打死，认为他所有品性皆为不良，果真如此的话，他又哪里来的那么大的气度去容纳三千门客呢？至于说他文化功底浅，倒也未必是坏事。假若吕不韦也像他的众门客一样饱读诗书或专门去研习学问的话，那他很可能就只会精通一两家的学问，并将这一两门学问深深地根植于自己的大脑中，那么，他对其他门派的学问自然就有了一种抵触情绪，这样，他所主编的《吕氏春秋》恐怕就要大变样了。所以吕不韦的读

---

① 指《吕氏春秋》。

② 《黄氏日抄》卷五十六《读吕氏春秋》。

书少，再加上他多年经商养成的重实际的习惯，正好给兼容百家、注重实用创造了条件，而《吕氏春秋》也正是因为它的这两个特点才越为人们所重视。由此可见，吕不韦是完全有资格充当《吕氏春秋》一书的主编的。

那么，吕不韦在《吕氏春秋》的编纂中都做了哪些工作呢？

首先，他是此书编著的发起者和动意者。吕不韦发起编写《吕氏春秋》，目的有二：一是为即将到来的统一帝国奠定理论基础，二是为了训导秦王政。这两个目的在《序意》中都有记载："凡十二纪者，所以纪治乱存亡也，所以知寿夭吉凶也。上揆之天，下验之地，中审之人，若此，则是非可不可无所遁矣。天曰顺，顺维生；地曰固，固维宁；人曰信，信维听。三者咸当，无为而行。行也者，行其理也。"这段话可以说是全书纲目所在。先说编书的目的是在于寻求治乱、存亡、寿夭、吉凶转化的规律；其次提出了判断是非正误的标准——上要符合天理，下要符合地宜，中要符合人心；最后，他强调了天、地、人三者统一的关系，说只要天、地、人各当其位，就可以顺自然而运作——这就是吕不韦为即将到来的统一国家所准备的理论基础。至于其训导嬴政的目的，则突出反映在我们已多次引用的《序意》中，其中吕不韦将自己比作黄帝，而把秦王政视为颛顼，他教诲嬴政"为民父母"的最高原则就是"法天地"，即按自然规律办事。

以上说的是吕不韦编书的两个目的，它们是从当时的时局出发定立的：对外，秦灭六国的趋势已越来越明显；对内，秦王政正一天天长大。这种局面确实需要一本像《吕氏春秋》这样的书出现。可惜后来的事实发展却不像吕不韦所设想的那样，嬴政成了一个生性暴戾、刚愎自用的专制皇帝，而由他所统治的秦帝国，也不是吕不韦所希望的那种天、地、人三者合一的顺利运行的大一统国家。从这个角度看，吕不韦的两个初衷似乎都落空了。然而从整个历史长河来看，《吕氏春秋》却留给后世取之不竭的文化遗产。时至今日，它的价值已越来越为人们所重视。

其次，在编写过程中和编著成功后，吕不韦也做了大量工作。他是整个编著过程唯一的出资者，他不仅要供给执笔者们的生活所需，而且还要负担收集资料、制作竹简、配制笔墨刻刀之类用具的具体费用。这些费用固然不算十分庞大，但因这是一次大规模的私人集体编著活动，所以若无专人组织供应，这本书也是难以编成的。就拿我们所常听说的竹简来说，它是那时所使用的基本的书写材料，但它的制作程序却十分复杂。《论衡·量知篇》记载“截竹为简，破以为牒，加笔墨之迹，乃成文字，大者为经，小者为传记”，即是说要制作一根可以书写的竹简，先要把选好的竹子截成约一尺长的竹筒，再将竹筒破析成简条，然后力加刮削，削平竹节部分，之后还要进行杀青，或称“汗简”，即用火烤。刘向《别录》中说“杀青者，以火炙得令汗，取其青易书，复不蠹”，可见杀青的作用，既是便于书写的一道必要工序，又可防止竹简被虫所蛀。因为火烤时，竹子中的汁液会渗出，看上去就像竹简出汗了一样，故而这一工序又称“汗简”。最后，在刮削汗简之后，编联成册以前，还有一道工序——凡编绳所过之处，于其棱上刻出极小的三角形契口，用以固定编绳，使其不致脱落或上下移动。这道工序看似简单，但操作起来却存在困难：竹子皆顺纹理而生长，用力稍猛，便会使竹简劈裂，成为废简。当时人们是用毛笔或刻刀在竹简上写字，一根竹简上最多不过十几二十个字，而《吕氏春秋》一书共二十余万字，则至少需上万根竹简。这样，光是准备这项基本书写材料就得耗费大量的人力物力，如果吕不韦当时没有位极人臣的权势和地位，恐怕也难编出如此大手笔的《吕氏春秋》。所以，吕不韦的参与，是该书得以成书的一个不可或缺的必要条件。

在《吕氏春秋》编成后，吕不韦为了使它能名扬天下，特意采用了悬之市门、言能改一字者予千金的夸张发布方式。这一做法虽有向政敌及嬴政示威的成分，但客观上也确实使《吕氏春秋》名扬天下。一时间，《吕氏春秋》成了街头巷尾随处可闻的一个热门话题。在这时，《吕氏春秋》因为吕不韦的缘故而名传千里，而在两千多年后的今天，人们之所以还没有将吕不韦这个名字从记忆中完全抹去，在很大程度上则是因为他主编了《吕氏春秋》这本不朽著作的缘故。

然而，另一方面，吕不韦太过盛大的名气也给《吕氏春秋》的进一步修改完善带来了一定的负面影响。书成之后，吕不韦发出了改一字者悬赏千金的通告。这一举动历来多被认为是他要借此炫耀自己的权势，这多少有些言过其实。吕不韦此举虽不无此种意图，但以他的务实，不能完全排除他想使此书更为完善的可能。事实上，这种重金悬赏之举在此前是有先例的，如吕不韦的同乡商鞅在秦孝公时在秦国推行变法，为了取信于民，他在城门外放了一根并不很粗的木桩，向众人宣布：能扛之入城者奖五十金。人们都认为这事太容易做到了，根本不值五十金。后来有人抱着试试看的态度完成了此项要求，果然得到了五十金。众人很是吃惊，但也从此相信了商鞅是个“言必信，行必果”的人。此后，商鞅在秦的变法得以顺利进行。吕不韦或许正是借鉴了商鞅的做法，但可惜一则他权势过重，二则出手太大，来观书的人即使能够发现《吕氏春秋》的错误，也会因畏于其权势而不敢指出。结果，吕不韦借《吕氏春秋》示威的目的达到了，但他给《吕氏春秋》征求意见的初衷却是南辕北辙，永远也无法实现了。

吕不韦动意和组织编写了《吕氏春秋》，全书的指导思想是他的；他给它提供了孕育成长的场所、资金、甚至书的生身父母，即书的编纂者；他看着它从几只竹简上的几点墨迹逐渐长大；最后又经他集中、简选、修订、编次成书。仅凭这些，吕不韦的主编之名就当之无愧了。吕不韦使《吕氏春秋》得以名扬天下，但也正是因为他的缘故而使《吕氏春秋》在后来的很长时间内不被重视。时至今日，《吕氏春秋》终于以它丰富的史料内容重新唤回了人们的关注，而吕不韦的奸商权相的传统形象也因此而逐渐在人们心目中改观。所以，吕不韦和《吕氏春秋》是密不可分的，书因人而成，人以书而荣，二者早就在历史的长河中紧密地联结为一体了。

第二节　《吕氏春秋》的体例与内容

《吕氏春秋》一书严格按照十二纪、八览、六论的体例排列，且有“上揆之天、下验之地、中审之人”的思想指导，览围绕“人”，论立足“地”，纪贯以“天”，三者各成系统又相互关联，全书结构严密，几乎无懈可击。而其内容却出人意料地庞杂，“兼儒道，合名法”，天文、地理、艺文、术数无所不包，然却杂于人而不杂于己，对各家学说虽均有涉及，但皆能从自己的致用立场品评剖析，吸其精华，补其不足，自成一派。以上这两个看似截然相反的特点为其招致了历代学者众说纷纭的复杂评说，虽褒贬不一，但终归褒多贬少，足见其书价值之恒久。

一　自成一体的编纂体例

集众创新的编纂原则

《吕氏春秋》成书之际，正值百家争鸣极盛之时，诸子学说均各执一端，各有其所崇与所蔽。随着政治形势上统一趋势的日渐明朗，各学派出于自身发展的需求，开始吸收别派之长，出现了统一百家思想的尝试，但它们都希图使别家屈从己说而以一己之见一统众家。如《荀子》之《非十二子》及《解蔽》虽承认诸子持之有故，言之成理，但其态度却以讽刺和批判为主；《庄子·天下》已认识到诸家皆有所长，却又认为各家皆“一曲之士也”，而采取悲观的态度觉得“举世皆浊我独清”。这在诸子学派势均力敌的战国时代自然行不通。当时统一思想可以有两种模式，一种如前所述，而另一种则是高屋建瓴地审视百家，根据一定的原则，去粗取精，兼收并蓄，再加以适当的创造，从而组合成新的理论。在前一种模式被实践证明只能失败后，吕不韦以其政治家的远见、博大的胸怀及成功商人的敏锐头脑应时而动，发起了以第二种方式统一思想的活动——《吕氏春秋》的编纂。

《吕氏春秋》的编纂目的是欲成一代兴王之宝典，又以“法天地”为指导思想，故能海涵百家精华，积极、客观、公正地对待诸子。它超越学派偏见，不持一家之言去排斥异己，而是推崇“物固莫不有长，莫不有短，人亦然。故善学者，假人之长，以补其短”[①]，提倡博采众长，其着眼点在肯定各家所长，而非指摘其短。《不二》篇说：“老耽贵柔，孔子贵仁，墨翟贵廉，关尹贵清，子列子贵虚，陈骈贵齐，阳生贵己，孙膑贵势，王廖贵先，儿良贵后。此十人者，皆天下之豪士也。”对各家皆用一字总结其长处，且将他们并称为天下之豪士，其博采众家之长、打破门户藩篱的意图显而易见。

《吕氏春秋》强调破除成见，取各家之长而弃其短，但它对于诸子的思想也并非原封不动地照抄，开设百家之学的陈列馆，而是在引用的同时进行改造创新，使其具备若干新的性

① 《吕氏春秋·用众》。

质，成为吕氏理论体系的有机组成部分。例如他在自然观上提出的“法天地”“因者无敌”，在教育学上提出的“凡学，非能益也，达天性也”“师徒同体”，在生命观上提出的“达乎死生之分”，在情欲问题上提出的“令人得欲无穷”，在养生问题上提出的“全天”“节性”，在人性问题上提出的“性异非性”等，都是其所独有的精辟见解。此外，《有始》篇开创了分野说，《本味》篇则成为食谱学的鼻祖，这些都是吕氏门客创造性的火花。这足以说明，吕氏门客并不是一批“滕文公”，《吕氏春秋》也不是一部杂抄汇集，而是一部有着统一思想、自成体系的专著，因而洪家义谓之“卓然成一家之言”[①]。

《吕氏春秋》不是材料汇编，不是论文集，它以汇千江万河于一海的气魄，在先秦各种文化学说面前不摆出一副历史审判官的姿态，而采取择善而从的后继者的态度，不掩前人之长，不窃他人之功，对于前人批评贬抑者少，积极肯定者多，以继承和发扬为主，吸收中有创新，这正是一种“述而作”的可贵态度。从历史编纂学的角度来看，作为一部通古通今的通史史论，《吕氏春秋》显然已冲破了孔子“述而不作”的编年体史书的藩篱。

谨严整齐的编纂体例

1.《吕氏春秋》的版本及篇次

《吕氏春秋》现存最早的版本为东汉高诱的《吕氏春秋注》；清代毕沅曾作《吕氏春秋新校正》；1935 年，许维遹博采众说写成《吕氏春秋集释》一书；1984 年，陈奇猷又集众家之论而作《吕氏春秋校释》一书，考证甚详，是目前相对最完善的版本。

从现存各种版本来看，《吕氏春秋》在体例上分为纪、览、

① 洪家义：《吕不韦评传》，第 474 页。

论三大部分。对于这三部分的次序，历代学者颇有争议，争议的焦点是纪、览、论孰先孰后的问题。今之治《吕氏春秋》的学者如陈奇猷、洪家义、王范之、李家骧、田凤台等对此问题均有详尽论述，且基本上一致认为其书次序应为纪、览、论，此说似已渐成定论，故此处不再画蛇添足。

然而需要提及的是，持“览居前说”的学者，如周中孚及吕思勉等，皆以“古人作序，皆在卷末”为览前纪后的力证(因吕书《序意》附于十二纪之末)，但依傅斯年《战国子家叙论》所说：“《吕览》这部书在著书体裁上是个创作，盖前于《吕览》者，只闻著篇而不闻著成系统之一书，……自吕氏而后，汉朝人著文，乃造系统，于是篇的观念进而为书的观念，淮南之书，子长之史，皆从此一线之体裁。”在《吕氏春秋》之前，成系统的书近乎没有，那么作书序之事大概更是凤毛麟角，这也就是说，《吕氏春秋》之序极可能是我国古代书序的开创之作。[①]

假如真是这样，那么“古人作序，皆在卷末”之说对吕书适用与否就值得商榷了：既是开创，自可无拘无束，置于书前、书中、书后，可任凭作者之喜好。因此，虽然说著书体例有一定的历史继承性，有时可以按照习惯或成例去推测以往之史实，但对《吕氏春秋·序意》这样具有开创意义的序文，如果按后来之成例去逆推的话，就多少会有些太过以今度古之嫌了。由此，我们更可以相信，《吕氏春秋》确实如众多学者所认可的那样，是依纪、览、论的篇次排列的。

2.《吕氏春秋》体例概述

吕不韦集众著书的目的是要构造一个能贯通天地人的庞大

---

① 《诗经》《尚书》亦有后人所加之“序”，但此“序”一般被认为是目录，与此处所言并非同类。

理论体系，以便为统一的封建帝国提供较为完备的理论学说和治国方案。《序意》提出“上揆之天，下验之地，中审之人”的思想，是要对“天、地、人”作一体观，从而包容天地万物，兼容百家众说，这实质上即是《吕氏春秋》编撰的指导思想。这一思想在全书的结构体例上体现为纪、览、论分别与天、人、地相呼应。

——“纪”分为十二篇，以春、夏、秋、冬四季为序，每季各有孟、仲、季三纪，每一纪又各有五篇文章。各纪之首均为该月月令，之后按四季的不同特点，将四篇论文置于该纪之下。春主生、夏主长、秋主收、冬主藏，故春季诸篇皆言养生，夏季诸篇均讲树人、教化，都是生长壮大的问题，秋季讲用兵用刑，并讲用贤胜于用兵的道理，冬季人息粮藏，于是言死葬，并由岁寒知松柏之常青联系到人的品格、气节。十二纪还记载了十二个月的星辰位置及各个季节的物候，它以四时配五行，搭起了一个庞大的框架，并将音乐、色调、方位、祭祀等组入其中。

统观十二纪，不难发现它是围绕“天”这个核心展开的。这里的“天”指的是阴阳五行及四时等自然变化。当时的人认识不了这些变化产生的原因，便认为它们是不可抗拒的，因而只能对其采取恭顺的态度，并仿照自然运行来设计自己的行为模式。于是在十二纪中，便以木、火、土、金、水五行配合春、夏、秋、冬四时作为主要体系。这也是作者提出来的统治图式，要求统治者在一年十二个月内都能顺应五行四时之气来进行统治，这样才能使其统治得以巩固。

十二纪的编排是一个很整齐的体例，虽然有人批评各纪之首基本上是一个次第固定的呆板的体系，有许多项目仅仅是为了凑数而添加上去的，有些联系只抓住某些表面上的相似，勉强拼凑在一起，但就其结构而言，十二纪的确是无懈可击的。

——“览”分为八，每览又包括八篇文章，故这部分共计应有六十四篇文章，但因后来存佚错落，现存《有始览》中只有七篇，整部书也因此比成书时少了一篇文章。八览着重论君道和治本：《有始览》论天地有始，下含六篇都是论述任贤顺民、治乱祸福的；《孝行览》论述孝行为本，下属七篇文章论述国君治国应依靠何种人；《慎大览》论强国需谨慎治国，以下七篇具体论述如何治国；《先识览》论先见之明，其下论如何通过细致的观察和思考预见将来；《审分览》论为君之道，其下七篇阐释人君南面之术；《审应览》说君主要慎重其辞，其下诸篇详论流言及诡辩之害；《离俗览》论述王者应索求离世高士为师，其下论审士用民；《恃君览》论君道不可废，其下亦讲为君之道。八览明显地是以“人”为核心，它极力宣扬民为本、民重君轻、君主无为、治民以德等主张，都是为君主政治服务的。八览由《有始览》统领，以下各篇或言天人感应，或言人际关系，或言人的自身修养的提高，都围绕人展开论述。

——“论”分为六大部分，每部分又由六篇组成。《开春论》由春之生引出王者厚德积善，后五篇论尚贤、爱民及养生之道。《慎行论》论君子、小人的处世，其下属五篇进一步阐释处世之理。《贵直论》论君应任贤使能，以下皆论进谏、纳谏、拒谏之事。《不苟论》讲贤人的操守：一切行事必当于义理，一切举动必利于国君。《似顺论》论辨异同、别真伪，以下诸篇论贤主治国之术。《士容论》论国士的操守仪态，其下五篇除《务大》外皆论农业为本。

“论”这一部分可以说是从“地”这个核心上展开的。开篇由春天到来、万物兴起引申出人主应仁德宽厚，爱惜大地上生长出来的一切生命，并因此而推崇因循万物本性的自然无为的养生之道。末篇又以大量的篇幅讲述耕作的原则、播种的方法、土地的调理、农时的安排等一系列伺地求食的问题。中间各论因地论人，从土地耕作的自然规律出发，阐述为人处世所应保有的节操及优秀品质。总的看来，六论是由“地”及人，但重点却是“地”，即万事万物生长的自然之理。

《吕氏春秋》还有《序意》一篇，相当于今天书籍中的序言，交待著书的目的、时间、创作概况及基本内容，为全书的总纲领，今置于十二纪之后。

总计全书，共一百六十篇。从形式上看，十二纪、八览、六论形式整齐，所统之文各有定数，且纪、览、论各自之间字数大体相当。据贺凌虚统计，每纪均在2500—2900字之间，每览均在5800—6400字之间（《有始览》今缺一篇，故该览字数为3797字），每论均在3200—3400字间。[①] 全书以“法天地”以行人事为指导思想，十二纪按“上揆之天”建构，八览则依“中审之人”排列，六论以“下验之地”布局。三大部分各有侧重，自成体系。

3.《吕氏春秋》体例简论

对于纪、览、论三者关系的考察，李家骧认为十二纪似有内篇的意味，八览可疑为外篇，六论像是杂篇。这是对其结构的一种较特殊的认识，但它同样说明吕书在内容上是层进的，其各部分之间有密切的联系。徐复观认为八览、六论旨在囊括八方六合，包举天地万物，并共同作为十二纪的补充。这似乎也是认为十二纪与八览、六论有内外篇之意。

对《吕氏春秋》内在结构的各种分析，无论是“纪统天、览应人、论系地”说，还是“纪统天，览、论统地”说，或者是“纪为内篇、览论为外篇”说，都否定不了一个事实：这样的体例是以“人”——尤其是统治者为根本出发点来建构的。

① 田凤台：《吕氏春秋探微》，第62页。

仅就各篇篇题而言，除十二纪纪首各篇及《大乐》《古乐》《音律》《音初》《序意》《开春》等少数篇题外，几乎所有篇题都从人事角度出发，以人的操行来命名，且大部分篇题还用“贵、重、去、不、审、必、慎、上、察、达”等字眼直接表明本篇的态度，这与先秦其他书籍篇目，如《孟子》之《梁惠王》《公孙丑》《滕文公》等，及《庄子》之《逍遥游》《天下》等，拟名方式大有异趣。孟、庄之书虽亦讲为人处世之道，但其篇名远不及《吕氏春秋》整齐、明白。在内容上，十二纪讲治国之大纲，按四季分述人主对臣民的养、教、卫、管之事，八览、六论更是泛论治道，举凡人君个人德、智、体之修养及治国理政之方策，无不备言。这也充分说明《吕氏春秋》是以人事为着眼点的。

从篇与篇之间的关系看，每组文章多相贯相连，成组之篇有的两篇连环，有的联袂而起，有的群篇集中，有的前行后继，有的互为表里，有的正反相成，以至于全书呈现“处处成系统，系统套系统，配套分层的结合”[①]。

以孟春纪为例，首篇《孟春》为该月月令，春天生育万物，可联系到养生，故《孟春》之后有《本生》，即鼓励人们去追求那保全生命和天性的实际，由此引出《重己》：提倡安时处顺，珍惜己之所有，不去作过度的追求。又因天地育万物而不私，故又有《贵公》《去私》两篇从正反两个方面来阐明治国应效仿天地之无私，这样才能长治久安。王范之认为《重己》与《贵公》《去私》两篇在根本学说上是矛盾的，这其实是没有参透吕文之本旨。《重己》是讲养生节性，这与注重公心、不过分追求私利的《贵公》《去私》实际是一脉相通的：唯有安时处顺，才能公而无私，否则若孜孜焉以追求一己之私

① 李家骧：《吕氏春秋通论》，第 52 页。

利为目标，又怎么可能顾及公利公心呢？可见《吕氏春秋》整齐的体例不仅仅是迎合了人们的审美情趣，而且它的各个篇章的内容也有谨严的内在联系。

然而，由于太过追求形式上的整齐划一，吕书的体例也产生了一些不尽如人意之处，李家骧之论已臻完备，故全录于此，借以为吕书之体例勾勒一个完整的面貌：

①因刻意追求形式的整齐，凑足篇数，有时有重复割裂的现象。如《去尤》与《去宥》意旨相同却硬割为两篇；《应同》与《召类》内容相同，文字亦多重复，完全可以合为一篇。

②因要凑足篇幅，而使两篇的大段字句几乎完全一样。如《长见》与《观表》叙吴起治西河一事、《谕大》与《务大》谈燕雀一段即是如此。

③有的篇章基本抄自他书，可能这种现象在成书的预定规划和定稿编排之时都没有禁止或预防的明确规定。如《当染》篇就基本照搬《墨子·当染》的文字，《有度》末尾一段的文字也与《庄子·庚桑楚》基本相同。

④有的部分两组文章之间联系并不紧密，硬拼在一起来凑篇数，显得勉强。如《士容论》按成书的写作意图和中心所在似应是论土地耕作，故主要有《上农》等四篇一组，但可能为凑足每论六篇之数，硬将《士容》《务大》两篇入此论，而《士容论》之总名又与农耕的内容并不相干。

⑤体制有不一致之处。如《开春》以首二字名篇，与全书以意名篇之例不合。[①]

4．《吕氏春秋》体例的影响

《吕氏春秋》所开创的这种谨严的体例对后世产生了巨大的影响。刘勰《文心雕龙》称赞它“鉴远而体周”。蔡伯尹曾

---

① 李家骧：《吕氏春秋通论》，第52—53页。

说："汉兴，高堂生、后仓、二戴之徒，取此书之十二纪为《月令》，河间献王与其客取其《大乐》《适音》为《乐记》，司马迁多取其说为《世家》《律》《历书》，孝武藏书以预九家之学，刘向集书以系七略之数。"①

《月令》取自十二纪，已被梁玉绳所证明；《礼记》之《乐记》为《荀子·乐论》与《吕氏春秋》乐论合并的产物。蔡伯尹强调了司马迁对吕书内容的吸收，实际上司马迁在体例上对《吕氏春秋》所采亦颇多。他不仅仿十二纪的形式创造了十二本纪，而且在"纪"之内涵上亦与《吕氏春秋》有相通之处。《史通》说："年仰他人者，虽纪实传；年得自主者，虽传实纪。"能自主纪年的，唯有帝王，所以"纪"实际是为帝王而设，而《吕氏春秋》的十二纪也是以天子顺时布政来立论，这与《史记》之"纪"一脉相通。章学诚更认为："吕氏之书，盖司马迁之所取法也，十二本纪，仿十二月纪，八书，仿其八览，七十列传，仿其六论，亦微有所以折衷之也。"②《史记》的编著体例，是将十二本纪列前、八书居中、七十列传在后。这样的安排，不能说不是根据了《吕氏春秋》的编排顺序。《史记·伯夷列传》提到"其传曰"，《索隐》说这是指《韩诗外传》和《吕氏春秋》。虽有学者指出此"传"与《史记》之"列传"并非同类之"传"，但司马迁会采用"列传"之名，则足以说明《吕氏春秋》与"列传"是有某种联系的。

《吕氏春秋》的成书，还引起了杂家之书的兴盛。除淮南王刘安亦步亦趋地主编了《淮南子》外，汉时著名政论家陆贾、贾谊、晁错等亦因袭其撷人之长补己之短的成法，均采数家、博取众说以成己见。徐复观的《两汉思想史》说："两汉

---

① 《黄氏日抄》卷五十六《读吕氏春秋》。

② 章学诚：《校雠通义》卷三。

思想家，几乎没有一个没有受到十二纪纪首——《月令》的影响。”这已超出了关于体例的范畴，但由此足见由《吕氏春秋》所首创的十二纪影响之大。梁启超称：“《吕氏春秋》，实类书之祖，后世《艺文类聚》《太平御览》《永乐大典》等，其编纂方法及体裁，皆本于此。”[①] 然而田凤台指出：“类书之修，四库之编，虽集众为书，然仅备资料检阅，以汇萃为功，非若吕氏淮南之欲成一家言者也。惟宋之世，温公之《通鉴》，或可拟之。”[②] 历代类书虽效仿了《吕氏春秋》规模庞大、包含宏富的形式，但却未能汲取其“欲成一家之言”的精髓，这不能不说是一种遗憾。

傅斯年《战国子家叙论》还总结了《吕氏春秋》在我国古代书籍编纂史上的开创之功。其论前已引用，此不赘述。天、地、人一体观思想虽非《吕氏春秋》所创，但它毕竟在我国史学史上第一次用这一思想来指导一部书的编纂，这本身就是一种开创，大大拓展了古典编辑活动的时空观念和评判视野。

二　丰富多彩的写作内涵

《吕氏春秋》为吕不韦集众门客所作，由于各人学术思想及派别不同，其内容的庞杂自不待言。因其庞杂，加之吕不韦个人与封建社会传统模式要求不甚相符，故而历代学者对它的评价不是很高。然而近世以来，其博大的思想内涵已开始逐步被人们所认识。国学大师冯友兰认为此书“所记先哲遗说、古史旧闻，虽片言只字亦可珍贵。故此书虽非子部之要籍，而实史家之宝库也”，这个评价充分肯定了《吕氏春秋》内容的丰富及宝贵。

---

① 梁启超：《覆毕校本吕氏春秋》，见《饮冰室文集》第十六册。

② 田凤台：《吕氏春秋探微》，第 414 页。

作为杂糅百家的大作，《吕氏春秋》所包含的写作内涵十分丰富。它对战国末期各个学派的基本主张都有所承袭。如儒家主张实行德治，认为最好的统治方法是推行教化，用教化征服人心，处处以“仁”“义”作为行事的根本准则，吕不韦对此极为推崇。《适威》篇指出：“古之君民者，仁义以治之，爱利以安之，忠信以导之，务除其实，思致其福。”可见其是接受了儒家思想，认为“仁义”是“君民者”的首务。不仅如此，《吕氏春秋》对各学派还作了自己的发挥，使其得以提高到一个新的层次。如儒家大力提倡施行仁义，但却效果欠佳，原因是什么呢？《吕氏春秋》拿出了自己的解释：“仁义之术外也。夫以外胜内，匹夫徒步不能行，又况乎人主？唯通乎性命之情，而仁义之术自行矣。”[①] 即是说其原因在于仁义之术只是外现的，缺管内养的基础，而内养就是“通乎性命之情”。这不是对仁义的否定，而是给它加入新的内涵，使它能够更有效地推行开来。性命之情本是道家的东西，《吕氏春秋》却将其嫁接到了儒墨的仁义之术上，这不但是对儒墨思想的一种提高，也是对道家思想的推广。

另一方面，《吕氏春秋》也不因已采纳了某一学派的观点而将与其相对的学派置之不理。如它虽重视仁政和精神力量，但却并不因此而反对法治。它说：“法也者，众之所同也，贤不肖之所以（用）力也。”[②] “赏罚，法也。” “凡赏非以爱之也，罚非以恶之也，用观归也。所归善，虽恶之，赏；所归不善，虽爱之，罚。此先王之所以治乱安危也。”[③] 这些材料表明，它不但承认法治的必要性，而且还承认赏罚是法治的两种

① 《吕氏春秋·有度》。

② 《吕氏春秋·处方》。

③ 《吕氏春秋·当职》。

不可或缺的必要手段。更可贵的是它接受了法不阿贵及赏罚不以亲疏、远近、贤不肖、爱恶为转移的观点，并且提出应以善与不善作为执法的基本标准，这又是对法家思想的进一步发展。

在承袭的同时，《吕氏春秋》对诸子学说也分别作了不同程度的批判。如它在《应同》篇中提出“子不遮乎亲”的命题，并说“父虽亲，以黑为白，子不能从”，这显然是对孔子的“三年无改于父道，可谓孝矣”及“子为父隐”思想的否定。再如，《吕氏春秋·审分》中说道“至治之务，在于正名”，但当触及与实际和应用距离很远的名家诡辩派的论题时，《吕氏春秋》则给予严厉的批判。它说：“坚白之察，无厚之辩，外矣！”即是说，《公孙龙子·坚白论》和《邓析子·无厚论》一类的辩论应该弃绝。这批判是毫不留情的。

除了对儒道墨法等影响较大的学派的圈点评判外，《吕氏春秋》也并未忘记一些在当时并不起眼的小学派，如在十二纪每纪的首篇，以及《制乐》《明理》《应同》等专篇中，均涉及了阴阳五行学说；在《荡后》《振乱》《禁塞》《怀宠》《论威》《决胜》《长攻》《悔过》等篇中都主要论述兵家理论；《知士》《至忠》《忠廉》《士节》《不贤》《更报》《顺说》等篇则专论纵横家。最为可贵的是全书最后四篇，即《上农》《任地》《辩土》《审时》四篇，它们专门记叙了与当时农业生产紧密相关的内容，如利用天时、土壤以及重视农耕的重要性等等，都是弥足珍贵的先秦农学文献。《汉书·艺文志》农家类记战国时有《神农》二十篇和《野老》十七篇，但两书今均不存，故《吕氏春秋》中这四篇文章就成了我们现在所能追溯到的最早的系统性农学著作，此亦可见其珍贵价值。

《吕氏春秋》对先秦各家均有所及，但并不能据此而认为它只不过是一部诸子思想的资料汇编。它是按照自己既定的宗旨，对汲取来的思想材料进行剪裁取舍，合于己者留，不合于己者也不会避而不理，而是对其进行批判改造，提出自己的看法。这样，随着对诸子百家的或留或改，《吕氏春秋》一书逐渐形成了自己的一家之言。这表现在方方面面，从对天、地、人的产生的看法，到对政治、经济、社会、哲学、天文、历法、乐律、科技等领域的认识上，《吕氏春秋》都有一些与众不同的见解。反映在历史观上，它首先突破了商周时代的人的起源的神话，提出“始生之者，天也”①。这里的“天”是“自然”的同义语，即是说，它认为人类是大自然的产物，这是人类对自身来源认识的一个飞跃。接着，它又提出社会进入文明时代之后会继续在圣君贤相及人民群众的共同推动下艰难地、曲折地前进。这表明它认为历史是发展变化的。之后，《吕氏春秋》又对人类历史演进发展的规律进行了积极的探索。这是我国史学史上的一大创举。尽管从西周以来，就有人不断地总结历史经验，但那都是局部的、片段的总结，而没有从整体的、贯通的角度考虑问题。直到战国后期，阴阳五行学说兴起，历史总结才真正突破了经验的格局，走向哲学的思考。《吕氏春秋》汲取了阴阳五行家的观点，开始探寻历史发展的规律。

《吕氏春秋》第一次将历史的发展纳入了金木水火土五德循环的模式中，但它也并不排斥人的作用。它认为纵使天象的运行已到了新旧交替的时机，但人如果不好好地把握，照样会失去这一机会。它还提出了天、地、人同构的模式，将人类社会的一切都吸收到此模式之中，形成了我国最早的系统论思想。五行循环的历史发展规律模式，虽来源于邹衍的五德终始说，但却避免了它的历史宿命论，突出了人的主观能动作用。

① 《吕氏春秋·本生》。

在《吕氏春秋》看来，人才是历史发展的最重要动力。这一观点，对鼓励人们去认识自然、改造自然、发展人类社会无疑是很有帮助的。当然，以我们今天的观点和思维方式来看，它的五行循环规律并不正确。它只看到了自然与社会的共性，但忽略了它们之间的本质区别，因而走入了神秘主义的泥潭。然而在当时，它却第一次走出了经验总结性的历史认识方式，并将其提高到了规律性的高度，大大地开阔了后人认识历史的范围，这一点是具有极大的开创性意义的。

《吕氏春秋》在学术上广收博取，采众家之长，集中体现了春秋以来诸子百家的学术观点，并结合当时的时代精神自成体系，发展了诸子的学说，对阴阳、因果、生死等问题进行了深入探究，在政治、社会方面总结了先秦统治阶级思想统治的经验，为即将到来的大一统局面制定了一套完整的治国理论与方针，这是我们研究先秦历史与哲学的重要资料。

《吕氏春秋》中不少哲理或政论性言论都是通过一些富有文采的、生动曲折的小故事来说明的，这给人以十分鲜明的印象，被视为我国古代小说之先河。仅就其文学特点来衡量，可以说它是当时秦国最好的一部作品，这奠定了它在中国古典文学史上的地位。其中很多篇章中的寓言、比喻写得相当精彩，妙语解颐，趣味盎然，如将人不愿听直言喻为“障其源而欲其水”，说不善于统治人民的君主“若决积水于千仞之上，其谁能挡之”，把一个人失去权势比为“吞舟之鱼陆处则不胜蝼蚁”，形容那些不调查研究的“愚者”以讹传讹是“数传而白为黑，黑为白，故狗似玃，玃似母猴，母猴似人，人之与狗则远矣”。像这样的比喻在《吕氏春秋》中不胜枚举，它们语句简洁，形象生动，不失为我国古代文学的精华。

《吕氏春秋》杂糅百家，取其所长，补其所短，是公元前3世纪中国的一部百科全书，上有天文、历法，下有地理、月令，中有政治、经济、历史、哲学、音乐、农技、科技等等，无所不包，真正做到了“上揆之天，下验之地，中审之人”。

三　褒多贬少的历代评说

自《吕氏春秋》一书问世以来，对其的评议就一直连续不绝。这些评议或褒或贬，各有见地，即使只是只言片语，亦自有一番道理。评价高者如许维遹《吕氏春秋集释·自序》云：“夫《吕览》之为书，网罗精博，体制谨严，析成败升降之数，备天地名物之文，总晚周诸子之精英，荟先秦百家之妙义，虽未必一字千金，要亦九流之喉襟，杂家之管键也。”评价低者则如梁启超在《汉书·艺文志·诸子略考释》中所说：“吕不韦不学无术之大贾，其著书非有宗旨，务炫博哗世而已，故《吕览》儒、墨、名、法，樊然杂陈，动相违忤，只能为最古之类书，不足以成一家言，命之曰杂，固宜。”这两种意见的差别是比较大的。我们注意到评论《吕氏春秋》时，总要连带着论及吕不韦其人，不过尽管关于吕不韦的微词较多，但对《吕氏春秋》的评价大致还是以褒扬为主。

肯定其书而否定其人

高诱在其《吕氏春秋注·序》中说：“诱正《孟子》章句，作《淮南》《孝经》解，毕讫，家有此书①，寻绎案省，大出诸子之右。”高氏是在正《孟子》章句、作《淮南》《孝经》解之后，继而从事吕书注释的，故而他的“大出诸子之右”之评价是相当重要的。然而后世的人却没有这么豁达，肯定其书而否定其人的不绝于书。黄震《黄氏日抄》引韩彦直语云：“《吕氏春秋》言天地万物之故，其书最为近古，今独无传焉，岂不以吕不韦而因废其书耶？”与韩彦直同时代的蔡伯尹也认为：

① 指《吕氏春秋》。

“今其书[①]不得与诸子争衡者，徒以不韦病也。然不知不韦固无与焉者也。”他们都是肯定其书有可取之处，而对它因与吕不韦相关而不得广为流传深感惋惜，甚至为了给吕书正名而不惜牺牲吕不韦的主编之名。这对《吕氏春秋》可能是一个抬升，但对吕不韦却实在不够公平。《四库全书总目提要》对吕不韦及《吕氏春秋》的评价则稍显公允，其云“不韦固小人，而是书较诸子之言独为醇正，大抵以儒为主，而参以道家、墨家，故多引六籍之文与孔子、曾子之言。……其持论颇为不苟”，最后还反对前代的评论因人废言，说：“论者鄙其为人，因为甚重其书，非公论也。”这一态度是极为可贵的。毕沅在其《吕氏春秋新校正·序》中说：“其著一书，专觊世名，又不成于一人，不能名一家者，实始于不韦……不韦书在秦火以前，故其采缀，原书类亡，不能悉寻其所本。是以其书沈博绝丽，汇儒墨之旨，合名法之源，古今帝王天地名物之故，后人所以探索而靡尽与！”他虽不赞同吕不韦编书的动机，但却依然对吕书本身给予了相当高的评价。

肯定其思想及学术价值

《吕氏春秋》中蕴含着丰富的思想，这已经被许多学者所注意到。关于其各种思想，本书后面章节会有分别论述，这里重点谈对其学术价值的评价。郭沫若在《吕不韦与秦王政的批判》中评《吕氏春秋》，称其“在文字结构上也每每饾饤泄沓”“在编制上实在也相当拙劣的”，但他紧接着话锋一转，说“然而这书却含有极大的政治上的意义，也含有极高的文化史上的价值”，这就从政治意义和文化史角度给予了吕书极高的评价。徐复观在《〈吕氏春秋〉及其对汉代学术与政治的影响》一文中从学术史角度对吕书作了很高的评价，称：“但两汉士人，

① 指《吕氏春秋》。

许多是在《吕氏春秋》影响之下来把握经学；把《吕氏春秋》对政治所发生的巨大影响，即视为经学所发生的影响；离开了《吕氏春秋》，即不能了解汉代学术的特征，这点却被人忽略了。”这是对其在经学史中的重要作用的揭示。在史学领域中，对其价值的评价尤其丰富。这方面最早的评论来自其书自身，《序意》篇述其编纂意图为：“凡十二纪者，所以纪治乱存亡也，所以知寿夭吉凶也。”“纪治乱存亡”“ 知寿夭吉凶”，这正是我国传统史学所孜孜以求的撰史目的，所以冯友兰《吕氏春秋集释·序》说：“然此书不名曰《吕子》，而名曰《吕氏春秋》，盖文信侯本自以其书为史也。”

《史记·吕不韦列传》称：“吕不韦乃使其宾客人人著所闻，集论以为八览、六论、十二纪，二十余万言。以为备天地万物古今之事，号曰《吕氏春秋》。”而在《史记·十二诸侯年表序》中，司马迁更明确地指出：“吕不韦，秦庄襄王相。亦上观尚古，删拾春秋，集六国时事，以为八览、六论、十二纪，为《吕氏春秋》。”司马迁认为吕不韦自认其书包罗天地古今万物之事，事取获麟，踵事春秋，故以名书。任继愈所说“春秋”已被引申为古史的通称，《吕氏春秋》的作者欲博通古今之变，以史典自诩，故自号“春秋”，[①] 正是对此意的详尽解释。

清章学诚《校雠通义》卷三言：“《吕氏春秋》，亦春秋家言，而兼存典章者也。当互见于《春秋》《尚书》，而猥次于杂家，亦错误也。古者春秋家言，体例未有一定。自孔子有知我罪我之说，而诸家著书，往往以‘春秋’为独见心裁之总名。然而左氏而外，铎椒、虞卿、吕不韦之书，虽非依经为文，而宗仰获麟之意，观司马迁叙《十二诸侯年表》而后晓然也。……四时错举，名曰‘春秋’，则吕氏犹较虞卿、晏子《春秋》

① 任继愈：《中国哲学发展史》（秦汉），第 4 页。

为合度也。刘知几讥其本非史书而冒称‘春秋’，失其旨矣。”这更是明确地为《吕氏春秋》正其为史之名。

刘咸炘《推十书·杂家十一》说：“《吕氏春秋》，史公亟称之，引事喻义，名曰‘春秋’，复何嫌乎？”日人松臬园亦云：“愚谓此书，以‘春秋’命名，恐非独因十二纪者也。广说事理、示以劝戒，故曰‘春秋’。”二人皆以吕书因事说理，合于史书之旨而归其为史。孔颖达《春秋正义·序》言：“失则贬其恶，得则褒其善，此春秋大旨。”《吕氏春秋》集六国时事、意存褒贬，正是取了“春秋大旨”。

冯友兰《吕氏春秋集释·序》曰：“以此书为史，则其所纪先哲遗说，古史旧闻，虽片言只字，亦可珍贵，故此书虽非子部之要籍，而实乃史家之宝库也。”这是从史料学的角度肯定《吕氏春秋》的历史价值。

夏祖恩认为：“《吕氏春秋》实为一部史著，亦可视为史籍。”其具体分析是：“《吕氏春秋》是一部史论性的著作，是以探讨治乱为中心、融古今于一体的历史评论著作。”[①] 他已经着手从史著的角度来研究《吕氏春秋》的史学思想了。

以上就是历代学者对《吕氏春秋》的一些评价概况，除梁启超等评价较低外，绝大多数人对此书是持肯定意见的。虽然对《吕氏春秋》的评论到目前为止仍有较大分歧，但随着各个角度、各个层面上认识的不断深入，人们对《吕氏春秋》的评论还是表现出越来越客观、越来越趋同的趋势。

---

① 夏祖恩：《〈吕氏春秋〉的史学思想与特色初探》，载《福建师范大学学报》（哲学社会科学版），1992 年第 1 期。

第三章

《吕氏春秋》与战国百家之学

《吕氏春秋》成书之际，诸子百家经过长期争鸣，产生了丰富的思想积累，诸子学说各执一端，各有其所崇与所蔽。作为一部要整合先秦文化的集成之作，《吕氏春秋》对各家学说均按自己的务实标准进行取舍，形成了自成体系的新的思想流派，所以其与战国百家之学既有扬弃，又有创新，不仅是对诸子学说的一次总结，也是对先秦文化的一次承前启后的整理。

第一节 《吕氏春秋》与诸子之学

一 集众狐之白成千镒之裘

战国末年，随着政治形势上统一趋势的日渐明朗，诸子百家各学派出于自身发展的需求，开始吸收别派之长，出现了统一百家思想的尝试。但是，它们都希图使别家屈从己说而以一己之见一统众家，如《荀子》之《非十二子》及《解蔽》虽承认诸子持之有故，言之成理，但其态度却以讽刺和批判为主；《庄子·天下》已认识到诸家皆有所长，却又认为各家皆“一曲之士也”，而采取悲观的态度自视“举世皆浊我独清”。这在诸子学派势均力敌的战国时代自然行不通。当时统一思想可以有两种模式，一种如前所述，而另一种则是高屋建瓴地审视百家，根据一定的原则，去粗取精，兼收并蓄，再加以适当的创造，从而组合成新的理论。在前一种模式被实践证明只能失败后，吕不韦以其政治家的远见、博大的胸怀及成功商人的敏锐头脑应时而动，发起了以第二种方式统一思想的活动——《吕氏春秋》的编纂。

《吕氏春秋》的编纂目的是欲成一代兴王之宝典，又以“法天地”为指导思想，故能海涵百家精华，积极、客观、公正地对待诸子。它超越学派偏见，不持一家之言去排斥异己，而是推崇“物固莫不有长，莫不有短，人亦然。故善学者，假人之长，以补其短”，提倡博采众长，其着眼点在肯定各家所长，而非指摘其短。《不二》篇说：“老耽贵柔，孔子贵仁，墨翟贵廉，关尹贵清，子列子贵虚，陈骈贵齐，阳生贵已，孙膑贵势，王廖贵先，儿良贵后。此十人者，皆天下之豪士也。”对各家皆用一字总结其长处，且将他们并称为天下之豪士，其博采众家之长、打破门户藩篱的意图显而易见。

《吕氏春秋》强调破除成见，取各家之长而弃其短，但它对于诸子的思想也并非原封不动地照抄，开设百家之学的陈列馆，而是在引用的同时进行改造创新，使其具备若干新的性质，成为吕氏理论体系的有机组成部分。例如它在自然观上提出的“法天地”“因者无敌”，在教育学上提出的“凡学，非能益也，达天性也”“师徒同体”，在生命观上提出的“达乎死生之分”，在情欲问题上提出的“令人得欲无穷”，在养生问题上提出的“全天”“节性”，在人性问题上提出的“性异非性”等，都是其所独有的精辟见解。此外，《有始》篇开创了分野说，《本味》篇则成为食谱学的鼻祖，这些都是吕氏门客创造性的火花。这足以说明，吕氏门客并不是一批“滕文公”，《吕氏春秋》也不是一部杂抄汇集，而是一部有着统一思想的、自成体系的专著，因而洪家义谓之“卓然成一家之言”[①]。

《吕氏春秋》不是材料汇编，不是论文集，它以汇千江万河于一海的气魄，在先秦各种文化学说面前不摆出一副审判官的姿态，而采取择善而从的后继者的态度，不掩前人之长，不窃他人之功，对于前人批评贬抑者少，积极肯定者多，以继承和发扬为主，吸收中有创新，这正是一种“述而作”的可贵态度。

二 《吕氏春秋》与诸子著作之差异

《吕氏春秋》长期被归为子书，但实际上它与其他先秦诸子著作差异极大，这主要表现在：

1. 命名方式不同

诸子的代表性著作，除《论语》外，基本上都是以其代表人物之姓或姓名加尊称“子”而构成，如《老子》《墨子》《庄子》《孟子》《荀子》《孙子》《韩非子》《公孙龙子》等，而《吕氏春秋》却独取“春秋”为名，这本身就表明其本意不在于入“子”之列，而在于以史为宗归。

2. 成书方式不同

诸子著作多为后生门人辑录前贤言论及著述而成，蒋伯潜《诸子通考》说：“诸子之书，多非自著，由弟子后学记述成书；即出自著，亦本为单篇，由后人编纂成书。”而《吕氏春秋》则不同，它是依预定计划写成，纲举目张，条分理顺，结构整齐。张舜徽将二者差异总结为：“我国先秦古书，多无大题，大半由后人所纂录，故篇章次第，多无伦叙。至于形式整齐、体例缜密，篇题书名，均由前定，依预定规划撰成之书，则实以《吕氏春秋》为第一部，前此未有也。有此一书，而著

① 洪家义：《吕不韦评传》，第474页。

述之体，为之一变。”[①] 这种差异反映在文体上，则表现为诸子著作诸体纷呈：《论语》《孟子》基本为论说体，《荀子》《韩非子》虽有了较整齐的篇章形式，但究其文体，则依然是政论、杂文、经说、注释、驳难、问答，甚至书信及韵文体纷然杂陈。这样的作品，充其量只能是个人杂集，与史类著作是相去甚远的。相比之下，《吕氏春秋》各篇中心突出、文字均衡，史论结合、理事相得，是我国最早的有形式系统的著述。从这个角度上说，《吕氏春秋》比其他子书具备了更多的史著形式因素。

3. 思想内涵不同

虽然诸子之书的产生与发展也是一个历史的过程，儒、道、墨、法、名、阴阳诸家及其主张都不是绝对对立的，有的还兼有几个学派的特征，但就各个学派的代表作品而言，其思想大多确有师承、流派的传衍关系或思想理论、学术方法的继承关系。而《吕氏春秋》则对诸子作了调和统一，兼收并蓄，融合诸家，并在宇宙观、历史观、认识论、人性论、养生论及军事、音乐等各方面作了综合和发挥，故而它难于归为任何一家。《汉书·艺文志》之前，涉及诸子分类的著作有《庄子·天下》《尸子·广泽》《荀子·非十二子》《荀子·解蔽》《吕氏春秋·不二》《韩非子·显学》及司马谈《论六家要旨》等，它们都没有提到杂家的说法，至《七略》及《汉书·艺文志》始别出心裁，单列出一门“杂家”，但这个称谓本身就有不伦之弊。梁启超《饮冰室专集·中国古代学术流变研究》中说：“至如杂与小说，既不名一家，即不得复以家数论。”蒋伯潜也说：“此二书皆成于门客之手，非吕不韦、刘安所自著。作者非一人，宜

① 张舜徽：《〈汉书·艺文志〉通释》，第 184 页，湖北教育出版社，1990 年。

其杂矣。虽然，专门乃可名家。家而曰‘杂’，实为不词。”这是说只有具备某种特定的思想才可称之为家，而杂家凑集众说，无一定宗旨，根本不合于“专门名家”之旨。将《吕氏春秋》划为子部杂家类之所以会有如此多的不尽人意之处，其实正因为它是与其他子类著作不同种类的作品。假如我们从史籍的角度去看待《吕氏春秋》对诸子的糅合，那我们则可以将其视为一部诸子思想的总结之作，它将对诸子的评判无声无息地寓于对诸家思想的取舍之中，因而不仅是单纯的论史，而且也是一部带有学术史意味的著作。

就文化传统而言，文、史、哲不分家是我国文化中的一个普遍现象，孔孟称之为事、文、义，刘知己称之为才、学、识，清代古文家称之为义理、考据和词章，章学诚“六经皆史”说的也是这个意思。它们不仅同源，而且有着相同的功用——经世致用，先秦时期尤其如此，故而当时的著作大多亦文亦史，并无明确的界限可言，所以会有将《吕氏春秋》划归子部之事。这虽无可厚非，但我们必须要注意到《吕氏春秋》与其他诸子著作之间确实存在不小的差异。

第二节　《吕氏春秋》与战国文学

一　《吕氏春秋》之古朴文风

《吕氏春秋》成书于战国末年，由于有着极为务实的编纂态度，所以其行文较多地继承了先秦文风古朴的特点，这主要表现在以下几个方面：

求实尚信的史料甄选

在引用前人观点及言论时，《吕氏春秋》能清楚地举出其人其书之名目，不掠人之美。如其书中所引《诗经》《尚书》

《易经》《孝经》《商箴》《周箴》等皆列举其书名；对孔子、墨子、曾子、慎子、詹子、子华子等人的话也都列举其人名。虽然台湾学者田凤台批评它“吕氏一书，泛引古事，以证其说，然作者常误引载籍，或张冠李戴，或年代不合，要皆引用之时，未详核典籍，仅凭记忆传闻，致鲁鱼之混，读者茫然”，但其多数记载还是确凿可信的。其许多引文可与今之原文相符，如其引《易》：“复自道，何其咎，吉。”引《诗》：“纠纠武夫，公侯干城。”皆与原文完全相同。而其记武王胜殷，与《周书》记载相符；记晋文公出亡、返国及伐原、战城濮之事，则与《左传》相符。历代学者对其史料价值非常重视，如明南雍《经籍考·子类》就说：“秦吕不韦集四方辩博之士成此书，……其人无足论者，然史角往鲁之说，足以祛明堂位祭统之诬成王伯禽，学者不可以不之考也。”冯友兰更将其推崇为“史家之宝库”。

《吕氏春秋》本身在史料上也继承和发扬了孔子、子贡、孟子等人考辨史事、不轻信史书的传统。其《察传》篇旨在对传言进行审查，可以说是评辨史书疑点的第一篇专题文献。该篇举出若干订讹实例，如孔子辨“乐正夔一足”及“丁氏穿井得一人”等，尤为重要的是记述子夏纠正史书误文一例：“子夏之晋过卫。有读史记者曰：‘晋师三豕涉河。’子夏曰：‘非也，是己亥也。夫己与三相近、豕与亥相似。’至于晋而问之，则曰：‘晋师己亥涉河也。’”该篇题旨为“辞多类非而是，多类是而非，是非之经，不可不分”。这是告诫人们，读史要细心辨察，否则就不能了解事实真相。可见吕书自身在史料上虽有不够详慎之处，但在原则上它依然是强调要考辨史事的。这也不失为一种客观求实的态度。

质朴简约的行文风格

作为诸子文学的总结之作，《吕氏春秋》备受历代学者之关注。桓谭《新论》评《吕氏春秋》:“书成，皆布之都市，悬置千金以延众士，而莫有能交易者，乃其事约艳，体具而言微也。”这是说它记事凝炼，言简意赅。

明汪一鸾《吕氏春秋·序》评其文字:“至论其文则神奇而不弔诡，浩荡而不谬悠，峻洁而不凌兢，婉约而不懦缓，含弘而不庞杂，独造而不偏枯，遍采诸家之文，而斧藻之，遂敻(远)出其表也……斯又后世文章家之所望而震惊焉者。”这评价是相当高的，说其文神奇而不诡辩，浩荡而不冗繁，简洁而不单薄，婉约而不模糊，丰富而不庞杂，创新而不偏执，遍采众家文辞之长，故远胜于诸子之文，足以令后世之人望而兴叹。

明李明春《吕氏春秋·序》亦说:“盖其文有简而奇者，若《檀弓》《左传》;有严而奇者，若荀卿;有丽而奇者，若《国语》;有核而奇者，若《管子》;有纵横而奇者，若《鬼谷》《战国策》;有揣事情极变化而奇者，若韩公子;亦有怪诞幽渺不可考而奇者，若漆园吏;至其备天地古今万物之事，明君臣父子道德忠义之经，则又柱下叟、子舆氏所不摈于门墙者也。”这是赞扬其文之奇、其所含内容之丰富及义理之精到。

清方濬颐《读吕子》说:“然而文字章法之妙，议论之精，辞足理足，有意于古而笔无不古，择其雅驯者，直可侧之经，以与圣贤相抗。”这里以吕书议论之精妙雅驯而誉之为堪与诸经抗衡。

田凤台则评其文:“余读吕览之文，陈古鉴今，专精证验，得书之教，为后世政书论说之典范。两汉议政之书，皆出自吕书，东莱之博议，明代之八股，破题大结，皆推衍吕书而得者也。至于赞其文词之美，巧誉其文字之说，方之左国、荀卿，比之鬼谷、漆园，明人喜议之习。为之者不循实以责名，而专尚文字翻腾之巧，试以吕书论之，诸多篇章，仅积前古例成篇，非仅无奇，又何可以方之漆园、左国，文人舞文弄墨之笔，以之议人评事，其失实之弊，诚不可以道里计也。”他肯定吕书在政论文体上的贡献，但对后人对其文辞的溢美却极力批判。

从前人的诸多评判中，我们不难看出，《吕氏春秋》的文风与其内容一样，是集合了诸子散文的诸多特点的：

1. 质朴

《吕氏春秋》行文极为简洁，不尚辞藻，如《有始》篇讲：“天地有始，天微以成，地塞以形。天地合和，生之大经也，以寒暑日月昼夜知之，以殊形殊能异宜说之。夫物合而成，离而生。”短短几句话，便将它对宇宙生成及变化规律的认识作出了总结，并举出论据“寒暑日月昼夜”及“殊形殊能异宜”。这除了要归功于古汉语本身的简洁外，与作者强大的逻辑组织能力也密不可分。再如《审己》篇说：“凡物之然也，必有故，而不知其故。虽当，与不知同，其卒必困。先王名士达师之所以过俗者，以其知也。水出于山而走于海，水非恶山而欲海也，高下使之然也。稼生于野而藏于仓，稼非有欲也，人皆以之也。”这样的行文，说的都是人尽皆知的常理，举的也是生活中随处可见的自然现象，其文平朴近人、自然舒展，纵使千载而后读之，亦无需注释。

2. 生动

《吕氏春秋》中不少哲理或政论性言论都是通过一些文辞生动的小故事来说明的，这也给人以十分鲜明的印象。有人认为它是我国古代小说之先河，其中很多篇章写得相当精彩，妙语解颐，趣味盎然。如将人主不愿听取直谏喻为“障其源而欲其水”，说不善于统治人民的君主“若决积水于千仞之上，其谁能挡之”，把一个人失去权势比为“吞舟之鱼陆处则不若蝼蚁”，形容那些不调查研究的“愚者”以讹传讹是“数传而白为黑，黑为白，故狗似玃，玃似母猴，母猴似人，人之与狗则远矣”。像这样的比喻在《吕氏春秋》中不胜枚举，它们语句简洁，生动形象，不失为我国古代文学的精华。从这些故事、寓言中，还衍生出许多我们今天仍在使用的成语，如“集腋成裘”“刻舟求剑”“户枢不蠹”等，可见《吕氏春秋》的文学成就影响之深远。此外，从《去宥》所记齐人欲得金之事，我们还可看出《吕氏春秋》勇书时人今语，虽然有时其所载之对话并非完全合于史实，但其对对话的大量采用无疑大大增加了其书的生动性与可读性，这一点也被后世文章家所广为传扬。

3. 简约

《吕氏春秋》编辑态度严肃，对文字的审定极严格，明确提出要达到“一字不易”的境界。据《史记·吕不韦列传》记载，书成之后，“布咸阳市门，悬千金其上，延诸侯游士宾客有能增损一字者予千金”。历代对此做法虽有种种争议，且多将其归为吕不韦沽名钓誉及炫耀权势之举，但其书行文之简明切实却是不容否认的。《吕氏春秋》中各篇均为短文，几百字便能说透文意，其文用语精当、字斟句酌。如《不二》篇总结老耽等十家精要，全用四字句，句式排比整齐，对每家之旨皆用一字概括，大有惜墨如金之势。《尊师》述十数种为学之方，其文为：“凡学，必务进业，心则无营，疾讽颂，谨司闻，观欢愉，问书意，顺耳目，不逆志，退思虑，求所为，时辩说，以论道，不苟辩，必中法，得之无矜，失之无惭，必反其本。”基本用三字句或四字句排比，既有分又有合，用语洁净而包罗详富。

富于变化的引用方式

《吕氏春秋》既以“纪治乱存亡”“知寿夭吉凶”为立意之本，又以“上观上古，删拾春秋，集六国时事”为资料来源，则其“述”前人之作的部分自不在少数。以其引书来看，不仅述经籍事迹，而且述古语文辞，其具体方法有：

1．直接引用

即所称引文辞完全符合于某种经籍。如《贵公》篇引《尚书》：“《鸿范》曰：‘无偏无党，王道荡荡。无偏无颇，遵王之义。无或作好，遵王之道。无或作恶，遵王之路。’”此与今传《尚书》原文完全相符。

2．文辞稍异

即所引述者与原文大体相符，但文辞略有不同，如《乐成》有：“子产治郑，使田有封洫，都鄙有服，民相与诵之曰：‘我有田畴而子产赋之，我有衣冠而子产贮之。孰杀子产，吾其与之。’后三年，民又诵之曰：‘我有田畴，而子产殖之。我有子弟，而子产诲之。子产若死，其使谁嗣之？’”此段文字亦见于《左传·襄公三十年》，其文为：“郑舆人诵曰：‘取我衣冠而褚之，取我田畴而伍之。孰杀子产，吾其与之。’‘我有子弟子产诲之，我有田畴子产殖之。子产而死，谁其嗣之？’”两段文字内容完全相同，只在措词和语序上稍见差异。这大约是因为转述而改变了文辞。

3．文辞全异而义理相合

如《当务》篇说：“楚有直躬者，其父窃羊，而谒之上。上执而将诛之，直躬者请代之。将诛矣，告吏曰：‘父窃羊，而谒之，不亦信乎？父诛，而代之，不亦孝乎？信且孝而诛之，国将有不诛者乎？’荆王闻之，乃不诛也。孔子闻之曰：‘异哉直躬之为信也！一父而载取名焉。故直躬之信，不若无信。’”《论语·子路》也谈及此事，其文为：“叶公语孔子曰：‘吾党有直躬者，其父攘羊而子证之。’孔子曰：‘吾党之直躬者异于是：父为子隐，子为父隐，直在其中矣。’”这与《当务》篇不仅有繁简之不同，而且在事件主角及经过上也有较大出入，但二者的寓意却显然是一致的。由此可见，《吕氏春秋》

的引用方式实际包含了原文照录、稍作变通及仅述其意这三个不同的层次，这反映了它不甘于单纯之“述”的作风，也体现了它冲击孔子《春秋》所规定的“述而不作”的界限的尝试。

“解在乎”他文的写作技巧

为使形式更见连锁呼应，详略得当，《吕氏春秋》如同韩非之文采取“其说在”的办法一样，在写作技法上也采用了“解在乎”他文的格式，即在本篇只简举某项事名而略去具体内容，而在别篇详述其事，如《应同》篇末为“解在乎史墨来而辍不袭卫，赵简子可谓知动静矣”，而其具体内容则放在《召类》篇中讲述；《去尤》篇有“解在乎齐人之欲得金也，及秦墨者之相妒也，皆有所乎尤也”，而两事均见于《去宥》篇。其文为：

> 齐人有欲得金者，清旦，被衣冠，往鬻金者之所，见人操金，攫而夺之。吏搏而束缚之。问曰：“人皆在焉，子攫人之金，何故？”对吏曰：“殊不见人，徒见金耳。”此真大有所宥也。

从这里我们可以看出，吕书撰成之后确实是经过一定的统筹编排的，否则仅依大纲由众门客分撰，写成之篇章必因各不相谋而难免有重复之处。故只有经过统一审定，删繁就简，才会有这种“解在乎”的形式出现。也因为有了这种形式，《吕氏春秋》才越发显得自成体系。此法后被司马迁所采，创立了互照的手法。

杂糅诸法的评论方式

在对事件的评论方法上，《吕氏春秋》也呈现了杂糅诸法的迹象。其书采用最多的是直抒胸臆，如《长见》篇记公叔痤临死向魏惠王已推荐公孙鞅，惠王不听，结果公孙鞅西游秦，终助秦孝公强秦之事，其直接发表评论说：“秦果用强，魏果用弱，非公叔痤之悖也，魏王则悖也。”并由此得出经验教训“夫悖者之患，固以不悖为悖”。亦有借他人之言发表自己的意见者，如《去私》篇记祁黄羊为晋平公荐贤事末加：“国人称善焉。孔子闻之曰：‘善哉！祁黄羊之论也，外举不避仇，内举不避子。’”这是借孔子之口发表了对此事的评论。更有一言不发，纯粹让事实说话的寓论于史者，如《淫辞》篇末载惠子为魏惠王制定法定，制成后，受到普遍赞誉，翟翦亦表示赞许，但当惠王问他此法是否可行时，他却说不可行，问其原因，翟翦对曰：“今举大木者，前呼舆谔，后亦应之，此其于举大木者善矣，岂无郑、卫之音哉？然不若此其宜也，夫国亦木之大者也。”该篇以此作结。《吕氏春秋》只是完整地叙述了这件事而没有发表任何评论，但其观点已通过翟翦之语明确地列出。如果说《左传》“君子曰”开创了中国史论之先河，那么《吕氏春秋》则将历史评论推进到一个新的阶段。

二 《吕氏春秋》与史论文学

《吕氏春秋》的编辑以资政为目的，它大量采用历史事实，以古论今，十分注重史的勾勒，如讲到战争、君主、国家诸问题时，都从源头讲起，线索明晰，分析具体深入。这些特点显示了它与史论文学有密切的关系。以《重言》篇为例，开篇先点题“人主之言，不可不慎”，接着便列举殷高宗居丧三年不言、周成王桐叶封弟以及荆庄王“不鸣则已，一鸣惊人”等事例，说明只有“重言”，才能“言无遗者”。它在殷高宗事后评论道：“古之天子，其重言如此，故言无遗者”；在周成王桐叶封弟事后亦说：“周公旦可谓善说矣，一称而令成王益重言，明爱弟之义，有辅王室之固”；对荆庄王例也得出“成公贾之隐也，贤于太宰嚭之说也”的结论。可见，《吕氏春秋》各篇虽以论文形式出现，但其在陈述自己见解的同时，对史实作了大量评论，所以称它为史论是有一定道理的。由于其书采用以事说理的论证方法，故其所称引之人物不胜枚举，且引人不限于古圣先贤，对古之暴君恶臣，今之时君世主、奸臣名将、诸子之流、勇士刺客，甚至深为当时统治者所不齿的“盗跖”等，都有称引。在其书中，不仅对神农、黄帝、尧、舜、禹、汤、文、武及桀、纣、周厉、周幽乃至齐桓、晋文、宋康、齐湣等贤愚之王可觅其踪迹，而且对伊尹、比干、管仲、鲍叔牙及干辛、恶来、竖刁、易牙等良奸之臣亦可窥其斑痕，连匡章、颜阖、乌获、孟贲等形形色色之人在其书中也都各占一隅。由此观之，《吕氏春秋》包举古今之意不言自明，称其为“春秋家言”是毫不夸张的。就其内容而言，《吕氏春秋》虽以论说事理为主，但其说理之论据多为历史事实，故我们不妨如夏祖恩所言，将其设想为“史论”：其先审篇旨，后重事例者，可视为对史实的分类评说；而先举事例，后点论题者，则如今之历史评论一般无二。

《吕氏春秋》的这种多处引史、论史的做法给后人留下许多资料，成为后世许多书籍的资料来源。蔡伯尹曾说：“汉兴，高堂生、后仓、二戴之徒，取此书之十二纪为《月令》，河间献王与其客取其《大乐》《适音》为《乐记》，司马迁多取其说为《世家》《律》《历书》，孝武藏书以预九家之学，刘向集书以系七略之数。”① 这说明《吕氏春秋》在汉代被大量引用。《月令》取自十二纪，已被梁玉绳所证明；《礼记》之《乐记》为《荀子·乐论》与《吕氏春秋》乐论合并的产物。蔡伯尹强调了司马迁对吕书内容的吸收，实际上司马迁在体例上对《吕氏春秋》所采亦颇多。他不仅仿十二纪的形式创造了十二本

---

① 见《黄氏日抄》卷五十六《读吕氏春秋》。

纪，而且在“纪”之内涵上亦与《吕氏春秋》有相通之处。《史通》说：“年仰他人者，虽纪实传；年得自主者，虽传实纪。”能自主纪年的，唯有帝王，所以“纪”实际是为帝王而设，而《吕氏春秋》的十二纪也是以天子顺时布政来立论，这与《史记》之“纪”一脉相通。章学诚更认为：“吕氏之书，盖司马迁之所取法也，十二本纪，仿十二月纪；八书，仿其八览；七十列传，仿其六论，亦微有所以折衷之也。”[①]《史记》的编著体例，是将十二本纪列前、八书居中、七十列传在后。这样的安排，不能说不是根据了《吕氏春秋》的编排顺序。《史记·伯夷列传》提到“其传曰”，《索隐》说这是指《韩诗外传》和《吕氏春秋》。虽有学者指出此“传”与《史记》之列传并非同类之传，但司马迁采用“列传”之名，则足以说明《吕氏春秋》与“列传”是有某种联系的。

《吕氏春秋》的成书，对后世产生了很大的影响。除淮南王刘安亦步亦趋地主编了《淮南子》外，汉时著名政论家陆贾、贾谊、晁错等亦因袭其撷人之长补己之短的成法，均采数家、博取众说以成己见。徐复观《两汉思想史》说：“两汉思想家，几乎没有一个没有受到十二纪纪首——《月令》的影响。”这已超出了关于体例的范畴，但由此足见由《吕氏春秋》所首创的十二纪影响之大。梁启超称：“《吕氏春秋》，实类书之祖，后世《艺文类聚》《太平御览》《永乐大典》等，其编纂方法及体裁，皆本于此。”[②] 然而田凤台指出：“类书之修，四库之编，虽集众为书，然仅备资料检阅，以汇萃为功，非若吕氏淮南之欲成一家言者也。惟宋之世，温公之《通鉴》，或可

① 章学诚：《校雠通义》卷三。
② 梁启超：《覆毕校本吕氏春秋》，见《饮冰室文集》第十六册。

拟之。”[①] 这里指出了《吕氏春秋》与《资治通鉴》之间存在某种共同的特点，间接地说明《吕氏春秋》与史传文学是有密切关系的。历代类书虽效仿了《吕氏春秋》规模庞大、包含宏富的形式，但却未能汲取其“欲成一家之言”的精髓，这不能不说是一种遗憾。

综上所述，战国时代百家争鸣、精彩纷呈的时代特征在《吕氏春秋》一书上留下了深刻的烙印。其对诸子百家取长补短，在许多地方仿佛都能看到不同派别的思想印痕，但当凝神细品时，却会发现此中见解与原说存在些微的差异，而这些差异往往能起到完善原说的作用。同时，从文学修辞方式来看，《吕氏春秋》承袭了先秦文学中的诸多优点，如求实尚信的引用原则、富于变化的写作技巧、风格多样的批评评论等。上述优点使《吕氏春秋》对后世的史传文学产生了重要的影响，从司马迁的《史记》到司马光的《资治通鉴》，都受到了《吕氏春秋》的影响。对战国百家之学而言，《吕氏春秋》是一个总结，但对后世史传文学而言，《吕氏春秋》则在一定程度上具有开创性的意义。

① 田凤台：《吕氏春秋探微》，第 414 页。

第四章

《吕氏春秋》的政治军事思想

《吕氏春秋》处于学术思想百家争鸣、诸侯割据即将结束的时代，《吕氏春秋》的主编吕不韦，是秦国实际上的执政者，他编书的目的是为即将到来的统一帝国提供政治上的借鉴，这也就是班固所说的，是关于“国体”“王治”的问题，所以政治思想是《吕氏春秋》中的核心思想，而这个思想的主要内容就是要更好地实现对统一国家的统治。为达到这一目标，《吕氏春秋》从大一统理论、民本德治、君臣之职等方面作了许多论述。

第一节　天下一统，贵公尚信

一　一则治，两则乱

在《吕氏春秋》成书前后，随着各诸侯国之间兼并战争的不断推进，秦统一诸国的形势已日渐明朗。与此相适应，此时的学术思想也由百家争鸣走上了诸子融合的道路。这种学术的综合，是以自家学术为体，兼采他家，而且，是在与他家的相互非难过程中逐渐完成的。这一过程，我们可以从《易传》《庄子·天下篇》《荀子》《韩非子·显学篇》及《吕氏春秋》中窥见。《吕氏春秋》号为杂家之作，恰好说明其欲总结先秦思想的意图。其《不二》篇评论先秦诸子认为“老耽（聃）贵柔，孔子贵仁，墨翟贵廉，关尹贵清，子列子贵虚，陈（田）骈贵齐，阳（杨）贵己，孙膑贵势，王廖贵先，倪良贵后”，可见其对诸家思想都有一定的关注，而其关注的目的正是要融合百家、为我所用，所以其书杂取诸家之说，对于各家，较少批评，而偏重于吸取可取之处，力图超出门户之见。这些思想反映在政治上，便是提出了一统天下的观点。

战国中期以降，“一”的思想成为诸子的共识。孟子最早提出了这个思路。他在回答梁惠王“天下恶乎定?”的问难时，说“定于一”。[①] 这个思路不仅要求思想的“一”，还要求“一”天下。《吕氏春秋·不二》篇曰：“有金鼓所以一耳也；同法令所以一心也；智者不得巧，愚者不得拙，所以一众也；勇者不得先，惧者不得后，所以一力也。故一则治，异则乱；一则安，异则危。”这段话意为：军队里设置锣鼓，是为了用来统一士兵的听闻；法令一律，是为了用来统一人们的思想；聪明的人不得灵巧，愚蠢的人不得笨拙，是为了用来统一众人的智力；勇敢的人不得抢先，胆怯的人不得落后，是为了用来统一大家的力量。所以，统一就治理得好，不统一就治理得混乱；统一就平安，不统一就危险。这些铺陈式的论述都是在说统一的益处。其《执一》篇也说：“王者执一，而为万物正。军必有将，所以一之也；国必有君，所以一之也；天下必有天子，所以一之也；天子必执一，所以抟之也。一则治，两则乱。”这是说：称王的人掌握住根本，就能成为万物的主宰。军队一定要有将帅，这是为了用来统一军队的行动；国家一定要有君主，这是为了用来统一全国的行动；天下一定要有天子，这是为了统一天下的行动；天子一定要掌握住根本，这是

① 《孟子·梁惠王上》。

为了使权力集中。统一就能治理好天下，不统一就会天下大乱。这也是在明确表达追求天下统一的思想。

《吕氏春秋》的这一种大一统思想，适应了当时社会发展的步伐，因而是进步的。这些论断从思想上为统一国家的到来做好了准备。

二　治天下必先公

为了更好地促使人们发挥自己的才能，《贵公》篇中提出了贵公去私的主张。其认为，公而无私是天地自然的本性，“天无私覆也，地无私载也，日月无私烛也，四时无私行也”。这一点，无论是自然及人类社会都适用，因为“阴阳之和，不长一类；甘露时雨，不私一物；万民之主，不阿一人”，“天地大矣，生而弗子，成而弗有，万物皆被其泽，得其利，而莫知其所由始。此三皇、五帝之德也”。三皇五帝正是效法了天地自然这种公而无私之大德，故能得天下人之心。书中以古代圣王为旗号，提出了贵公的思想。文中说：“昔先圣王之治天下也，必先公。公则天下平矣，平得于公。”公就是要求君主不徇私，“无偏无党”，“无偏无颇”。《贵公》一篇中开门见山地指出：“昔先圣王之治天下也，必先公。公则天下平矣。”即天下大治的关键在于领导者能否首先具备一心为公的信念和胸怀，只有领导者能够一切从公心出发进行决策管理，社会才能安定团结，人民才能幸福安康。因此，领导者确立和坚定一心为公的信念就成为其为公之道的基础和前提。这是因为，《贵公》篇提出了“天下，非一人之天下也，天下之天下也”的著名论断。天下乃天下人的天下，并非是君主可以随意处置的掌中之物。作者还从历史经验出发，指出：“尝试观于上志，有得天下者众矣，其得之以公，其失之必以偏。”它告诉领导者，要想在行动上真正能够做到为公，则必须首先具备为公的信念，确立公心。此外，《吕氏春秋》还引用《尚书·周书》的《洪范》一文告诫领导者，为公必须“无偏无陂，遵王之义；无有作好，遵王之道；无有作恶，遵王之路”。这里，王之义、王之道、王之路实质上共称王道，指的是儒家学者极为推崇的古代最高领导者能够成圣成王的仁义之道，运用儒家所构筑的理想大同社会中所主张的“大道之行也，天下为公”来解释，这个王道指的就是为公之道。根据《吕氏春秋》所引的《洪范》一文进行分析，为公之道就是要求领导者必须做到无偏无党。

《吕氏春秋》贵公思想的产生或许与吕不韦的阶级立场有关，他为了扩大相权而有意识地要限制君权，但这种公天下的思想客观上为打破君主专制起了一定的思想解放作用。这也许正是秦始皇对《吕氏春秋》颇为不屑的一个重要原因。

三　法先王与法后王

治国中如何借鉴历史经验，也是政治思想中一个必须论及的问题。《吕氏春秋》既重视历史经验，又反对照搬先王成法，表现出灵活务实的政治家风度。秦国素有敢于改变先王成法的传统，商鞅在为其变法辩护时，批判杜挚的泥古论，指出：“治世不一道，便国不法古。汤武之王也，不循古而兴。殷夏之灭也，不易礼而亡。然则反古者未必可非，循礼者未足多也。”[①] 这是说治世的统治政策不是完全一致的，考虑国家的利益就不能照搬古代的成例。汤武之所以成为圣王，就是因为其敢于冲破古代的束缚；夏商的灭亡，则是因其泥古不化。所以反古的并不一定要被非议，循古不化的也不值得赞扬。这段话中冲破传统的思想已十分明显。

① 《商君书·更法第一》。

编写《吕氏春秋》时，吕不韦正领导着秦人在创造前古未有的事业，各种各样的新情况新事物扑面而来，从理论和实践上他更不可能泥古。所以《吕氏春秋》在注重吸取历史经验的同时，对不能照搬先王成法作了更深入的论证。《察今》篇言："因时变法者，贤主也。是故有天下七十一圣，其法皆不同，非务相反也，时势异也。"篇中还论证了泥古论为什么行不通，言："上胡不法先王之法？非不贤也，为其不可得而法。先王之法，经乎上世而来者也，人或益之，人或损之，胡可得而法？虽人弗损益，犹若不可得而法，东、夏之命，古今之法，言异而典殊，故古之命多不通乎今之言者，今之法多不合乎古之法者……先王之法，胡可得而法？凡先王之法，有要于时也，时不与法俱至。法虽今而至，犹若不可法。"这里总共提出了三条理由：第一，先王之法流传到现在，经过了许多人的增益减损，原貌与今貌差别很大，你究竟搬用哪一个"先王之法"？第二，古代的名物和形势与今天都不相同，古人政策措施的提法与今天也有许多差异，你究竟怎样搬用"先王之法"？第三，任何政策措施都是一定历史条件下有针对性的产物，先王的政策措施虽然留下来了，历史条件却发生了很大变化，你又怎样去搬用"先王之法"？① 篇中还列举楚军袭宋在雍水上设水浅标志和刻舟求剑两则故事，说明形势在不断变化，政策措施也应随之改变，否则是太愚蠢了。《吕氏春秋》并不全盘否定古代政策措施对今天的借鉴作用，而是主张"择先王之成法，而法其所以为法"。就是研究先王在具体条件下制定成功政策的方法，加以学习，而不是照搬其具体做法。这种反对泥古，又主张从方法上学习前代经验的思想，比起商鞅片面地反

① 汪受宽：《以史资政的〈吕氏春秋〉》，载《兰州大学学报》，1997年第4期。

古，就更为实际，更有意义了。

第二节　以民为本，德刑兼用

一　以民为本

《吕氏春秋》具有明显的民本思想。它认为，君主的产生本身就是因为民众有这方面的需要。《恃君》篇说："凡人之性，爪牙不足以自守卫，肌肤不足以扞寒暑，筋骨不足以从利辟害，勇敢不足以却猛禁悍。然且犹裁万物，制禽兽，服狡虫，寒暑燥湿弗能害，不唯先有其备，而以群聚邪！群之可聚也，相与利之也。利之出于群也，君道立也。故君道立则利出于群，而人备可完矣。"这是说，人本身有许多不足之处，但却能成为万物的主宰，其原因就在于人能结合成群而互相帮助，而为了使这个群体获得更多的利益，就产生了君主。这种观念表明，君主并非是为了统治人民而出现的，他应该是为民众服务的角色。

从统治者的角度，《吕氏春秋》也对民的重要性作了充分的论述。《务本》篇说："安危荣辱之本在于主，主之本在于宗庙，宗庙之本在于民，民之治乱在于有司。"这是一个带有循环色彩的论述，但在这个循环中的各个环节却有轻重缓急上的差异，其中给"民"的定位是"宗庙之本在于民"，已是十分基层的定位，如果将前三句话依次推论一下，则结论就是"安危荣辱之本在于民"。虽然从便于统治的角度，在此后还有一句"民之治乱在于有司"，那是因为民众人数太多，要想实现对其的统治，只能通过有司来进行，这并不影响前述的"宗庙之本在于民"的结论。

《用众》篇兼及了上述两个观点，其云："凡君之所以立，出乎众也，立已定而舍其众，是得末而失其本。得末而失其本，不闻安居。”这也是承认君出于众，众为君本，为君者不能舍本而逐末。这话肯定“用众”是本，君位是末，与孟子“民为贵，社稷次之，君为轻”的论断相近。为此，《达郁》篇提出：“国亦有郁，主德不通，民欲不达，此国之郁也。”即只有民情能很好地上达，才能保证国家统治的正常运行。

《吕氏春秋》的民本，是站在统治阶级立场上说的，它的本意并不是要为人民谋得福利，而是要帮统治者更好地实行统治，但是与商鞅所说的“民弱，国强；国强，民弱。故有道之国，务在弱民”① 相比，则是要进步多了。

《吕氏春秋》民本思想的内涵包含以下几点：

1. 顺民心

《吕氏春秋》主张要尊重民意，不要激起民愤，如《顺民》篇中说：“先王先顺民心”，“凡举事必先审民心然后可举”。这些言论都反映了同一个观点，即安天下就要先安民心，守天下要先顺民心。这与儒家倡导的“防民之口，甚于防川”是同一个道理。

2. 爱利民

除顺从民意外，君主还应该多为民众的利益着想。《精通》篇说：“圣人南面而立，以爱利民为心。号令未出，而天下皆延颈举踵矣，则精通乎民也。”《爱类》篇也说：“故仁人之于民也，可以便之，无不行也。”这都是说，君主应多考虑民众的切身利益，这样其统治也易于推行。落实到具体的政令上，则是强调不要扰乱民时，这在十二纪首篇中多有体现，如《孟夏》中说：“是月也，继长增高，无有坏隳。无起土功，无发大众，无伐大树。”这就是考虑到民众的切实利益，不占用其

① 《商君书·弱民》。

农时的决策。当然，在封建统治时代，爱利民的最终目标不可能是完全从民的角度来考虑，其之所以要作出这些亲民重民的决策，其实还是为了更好地“用民”。《用民》篇明确指出：“古者多有天下而亡者矣，其民不为用也。用民之论，不可不熟。”可见，这里的爱利民充其量只是实现其用民目标的手段。

3．任贤

《吕氏春秋》的以民为本还强调任贤。如前所引，《务本》篇说：“安危荣辱之本在于主，主之本在于宗庙，宗庙之本在于民，民之治乱在于有司。”所以要以民为本，还要选拔出一批有才能的官吏，因为只有他们才能将民意上达至君主。在中国古代，官与贤是一体的，所以我们这里将任贤也视为《吕氏春秋》民本思想的一个部分。《简选》篇举商汤攻桀为例说：“桀既奔走，于是大行仁慈，以恤黔首，反桀之事，遂其贤良，顺民所喜；远近归之，故王天下。”这是说桀逃跑后，汤发扬仁慈的美德，抚恤百姓，一反桀的所作所为，拔举夏的贤人，顺应人民的意愿，于是远近的人都归附了他，所以汤得以称王天下。可见这里是将纳贤才与顺民意相提并论的。吕不韦其实是赞成广纳贤才的，这不仅在《吕氏春秋》中有所体现，当丞相的时间内，他也是这么做的。如李斯、甘罗、张唐，还有司空马等等，都是从外地到秦国来的。吕不韦深谙一个道理，人才是非常重要的，特别是在春秋战国时代，一个人甚至可以改变一个朝代，于是他广招贤士。这些贤士不仅为秦统一六国作出了很大的贡献，就连《吕氏春秋》的成书，也与他们有非常密切的关系。

《吕氏春秋》的民本思想发展了诸子的关于统治者与民众间相互关系的认识，论述了政权之得失、君王之安危与得民或失民的关系。其所提出的顺民心、爱利民、任贤等以民为本的思想虽落脚于取民服众，但在客观上也的确表现为对民众地位的提升，所以其思想的积极意义是值得重视的。

二 德刑兼用

在统治政策的推行方面，《吕氏春秋》主张实行德治。《精通》篇说："德也者，万民之宰也。……圣人行德乎己，而四荒咸饬乎仁。"德是万民的主宰，圣人修养自己的品德，四方荒远之地的人民都随着整饬自己。德政的优越性在于能够征服民心。而民心一旦被征服，就可以使君主很顺利地实现统治，就如《顺民》篇所说："夫以德得民心以立大功名者，上世多有之矣。失民心而立功名者，未之曾有也。"《爱士》篇也有类似论述，其云："人主其胡可以无务行德爱人乎？行德爱人，则民亲其上；民亲其上，则皆乐为其君死矣。"这也是说，君主若能以德服人，则民众也会非常爱戴他从而乐意为他效劳。《吕氏春秋》将德治视为治国的最高方针，《上德》篇说："为天下及国，莫如以德，莫如行义。以德以义，不赏而民劝，不罚而邪止。"这是对德治的充分肯定。同篇还说"严罚厚赏，此衰世之政也"，可见它是非常反对严刑峻法的苛政的。《论人》篇说："德行昭美，比于日月，不可息也。豪士时之，远方来宾，不可塞也。"意思是德行昭彰美好，可以与日月媲美，这样的国家和君王才能使豪士应时而来，远方的人民也来宾服，没有办法阻挡。由此亦可看出其对德治的向往。为了具体地推行德治，《吕氏春秋》把德治作为一项政令安排在"月令"之中，如《孟春》说："是月也，以立春。……命相布德和令，行庆施惠，下及兆民。庆赐遂行，无有不当。"让相国宣布教化，发布禁令，实行褒奖，赈济不足，一直施及所有百姓，这正是推行德治的具体措施，这种将德治落实到政令中的做法在此前并不多见。

虽然《吕氏春秋》首先推重的是德治，但当德治难以奏效时，它也并不排斥用赏罚来作为治理的手段。《用民》篇说：“凡用民，太上以义，其次以赏罚。”《吕氏春秋》的主观意图，是想把德治与法治、教化与刑赏有机地结合起来。德治为主，法治为辅；教化为主，刑赏为辅；赏赐为主，刑罚为辅。《吕氏春秋》认为君权和法治虽然重要，但绝不是唯一的统治手段。《用民》篇说：“威不可无有，而不足专恃。”《适威》篇也说：“令苛则不听，禁多则不行。桀纣之禁不可胜数，故民困而身为戮，极也。”这是用桀纣的例子来说明严刑酷法只会加速灭亡。所以在《吕氏春秋》看来，刑罚虽然不失为一种实现统治的有效手段，但它并不提倡对刑法的依赖。只有在德治不能奏效时，刑罚才可被用来作为一种补充手段。这种德主刑辅的统治模式，比起此前秦国单纯以法家严苛政策为主的统治是进步多了，可惜它在秦朝并未能够很好地施行。

第三节　君臣有职，分而治之

一　为君之道：修身、无为、任贤

《吕氏春秋》认为君、臣、民对社会运转具有不同的作用，其认为君主处于主导地位，臣子的作用十分重要，“民心”“民欲”是影响社会治乱盛衰的重要因素。这些我们在讨论《吕氏春秋》的历史思想时有详细论述，在此节中，我们将就其君臣之职作一些补充论述。

在治理国家的问题上，《贵公》篇指出：“凡主之立，生于公……天下非一人之天下也，天下之天下也”，认为政治生活具有一种公共性的维度，“天下”不是君主用来传给子孙的私产，而应该由称职的人来统治，要“诛暴而不私，以封天下贤者，故可以为王伯”[1]，指出人民有权“废其非君而立其行君道者”[2]。这些论断无异于拆除了君主专独的基石。《吕氏春秋·恃君》篇明确提出：“置君非以阿君也，置天子非以阿天子也，置官长非以阿官长也。德衰世乱，然后天子利天下，国君利国，官长利官。此国之所以递兴递费也，乱难之所以时作也。”这是说，立君不是为了让君谋求私利，立天子也不是为了让天子谋求私利，只有在天下大乱时才会出现这种情况，而君及天子、官长为自己谋求私利正是导致天下政权不断更迭的原因。由此可见，《吕氏春秋》反对君主专独，它并不主张给君主至高无上的权力。

为防止君主独断专行，《吕氏春秋》对君主的义务和权限作了一定的规定。

首先是要求君主要修身。《执一》篇说：“为国之本在于为身。身为而家为，家为而国为，国为而天下为。故曰：以身为家，以家为国，以国为天下。”即治国的根本在于要修身，个人品德修养好了，则家就可以稳定，家稳定了国家就可以安宁，国家安宁则天下太平。从这段话中我们可以很容易地寻找到儒家“修身、齐家、治国、平天下”的影迹。《尊师》篇提出了修身的方法：“成身莫大于学。身成则为人子弗使而孝矣，为人臣弗令而忠矣，为人君弗强而平矣；有大势，可以为天下正矣。”即要修身就要努力学习，无论是普通民众，或是王公大臣，乃至明君贤主，都必须学习。《先己》篇说：“圣人组修其身，而成文于天下。”“圣人成其身而天下成，治其身而天下治。故善响者，不于响，于身；善影者，不于影，于形；为天下者，不于天下，于身。”这都是强调君主修身与否对天下之

① 《吕氏春秋·去私》。
② 《吕氏春秋·恃君》。

治乱兴亡有至关重要的作用。其次是要求“君无为”。《吕氏春秋》也主张君主无为。无为思想是属于道家思想，无为而治是道家追求的一种境界。《吕氏春秋》主张一种虚君实臣的统治模式。《任数》篇说：“古之王者，其所为少，其所因多。因者，君术也；为者，臣道也。”这是主张君主多制定政策，而少从事具体的事务。《知度》篇也说：“有道之主，因而不为，责而不诏；去想去意，静虚以待。不伐之言，不夺之事，督名审实，官复自司。以不知为道。”这是强调君主要善于驾驭使用臣下的力量，而不是自己亲自去做事，即“因而不为”。

《分职》篇对君之所以要因而不为提出解释，其称：“君也者处虚。素服而无智，故能使众智也。智反无能，故能使众能也。能执无为，故能使众为也。无智、无能、无为，此君之所执也。”这是说，君主这种人，居于清虚，执守素朴，看来没有什么智慧，所以能使用众人的智慧。智慧回归到无所能的境地，所以能使用众人的才能。这种无智、无能、无为，是君主所执守的。其中的含义是说君主是大智若愚，故而不适合做具体的事情，所以要因而不为。《审应》篇主张：“凡主有识，言不欲先。人唱我和，人先我随。”此即强调君主要听取和接受臣下的意见，“因”臣而治。《审分》篇认为，君主不应干预臣下职能范围内的事，不要就具体政事与臣下争高低，如果“人主好治人官之事，则是与骥俱走也，必多所不及矣”。

《君守》篇进一步提出，君主在具体政事上要全心全意依靠臣下，依靠众人。其主张是“大圣无事，而千官尽能。此乃谓不教之教，无言之诏。故有以知君之狂也，以其言之当也；有以知君之惑也，以其言之得也。君也者，以无当为当，以无得为得者也。当与得不在于君，而在于臣。故善为君者无识，其次无事。有识则有不备矣，有事则有不恢矣。不备不恢，此官之所以疑，而邪之所从来也”。这是说：非常圣明的人虽不做事，可是却让所有官吏都把才能使出来……所谓君主，就是以不求恰当为恰当、以不求得体为得体的人啊！恰当与得体不属于君主的范围，而属于臣子的范围。所以善于当君主的人不担当任何官职，其次是不做具体的事情。担当官职就会有不能完备的情况，做具体的事情就会有不能周全的情况。不完备不周全，这是官吏之所以产生疑惑、邪僻之所以出现的原因。这都是对君主因而不为的展开论述。

二　为臣之职：善为

除为君之道，《吕氏春秋》对为臣或为官之道也多有论述。吏治为治国之本，中国素是官本位社会，官吏的素质直接影响到国家机器的效率，因而对吏治的设想，深为《吕氏春秋》所重视，它意识到吏治为治国之本。《务本》认为“安危荣辱之本在于主，主之本在于宗庙，宗庙之本在于民，民之治乱在于有司”，官吏是沟通人君与民众的桥梁，官吏还是体察君主行为的一面镜子。“镜之明己也功细，士之明己也功大”[①]，因而《恃君》说“忠臣察则君道固矣”。

在臣的具体职责上，《任数》篇明确地提出，“古之王者，其所因多。因者，君术也；为者，臣道也”。即君要善因，臣则要善为。为做到这一点，《吕氏春秋》十分强调对官吏素质的培养，对官吏应具备的操守作出了许多规定。如官吏应修养自身，以德服众：“古之事君者，必先服能然后任，必反情然后任”[②]；要以理义为行动准则：“虽贵不苟为，虽听不自阿，必中理然后动，必当义然后行”[③]；要有孝心：“人臣孝，则事

① 《吕氏春秋·达郁》。

② 《吕氏春秋·本位》。

③ 《吕氏春秋·不苟》。

君忠，处官廉，临难死”[1]，只有身为孝子，方可成为循吏；要诚信：“处官不信，则少不畏长，贵贱相轻”[2]；要廉洁清明，《本味》认为“令处官则荒乱，临财则贪得”，想让君主给自己以厚赏，是不可能的。总之，要符合贤者标准，方可举任为官，如《尚贤》篇所说“贤者举而尚之，富而贵之，以为官长”。

此外，《吕氏春秋》还主张官省国治，精简机构，认为吏多害民，事多扰民，因而大力倡导无为而治，欲以清静之术使民自化。如《本生》篇所说：“今世之惑主，多官而反以害生，则失所为立之矣”；又如《适威》篇所言“礼繁则不庄，业繁则无功，令苛则不听，禁多则不行”，主张少官，少令，少事，使民得以安宁。

《吕氏春秋》关于君因循无为而臣有为的理论，并不是主张君主绝对无所作为。它注意到了君无为与臣有为的连接，强调君主要选贤用贤，《求人》篇指出，“得贤人，国无不安，名无不荣”。同时还要明于治官，《知度》篇要求君主“明于人主之所执”，知“治天下之要，在乎除奸；除奸之要，存乎治官”。其根源，是出于吕不韦维护相权和削弱君权的政治目的。

三　治民之策：因民之欲

要顺利地实现对国家的统治，除了要很好地对大臣因而不为外，对于民众，也要注意因民之欲。《用民》篇写道：“用民有纪有纲，壹引其纪，万目皆起；壹引其纲，万目皆张。为万民纪纲者何也？欲也恶也。何欲何恶？欲荣利，恶辱害。辱害所以为罚充也，荣利所以为赏实也。赏罚皆有充实，则民无不

① 《吕氏春秋·孝行》。
② 《吕氏春秋·贵信》。

用矣。”这段话大意是说使用人民也有纲纪，这个纲纪就是希望和厌恶。希望什么、厌恶什么？希望荣耀利益，厌恶耻辱祸害。《适音》篇提出人之情皆欲生而恶死，欲荣而恶辱，欲富而恶贫，这些欲望是人的一切行为的内在动力。正因为欲望的存在，统治者才能利用赏罚来控制、驾驭百姓，百姓为了实现自己的欲望也才能甘愿受驱使。治国之道的关键，不是禁绝百姓的欲望，而是以赏罚疏导百姓之情欲，因民之欲而用之。所以《为欲》篇说：“故古之圣王，审顺其天而以行欲，则民无不令矣，功无不立矣。圣王执一，四夷皆至者，其此之谓也。”意谓古代的圣贤君王，审察并顺应人们的天性，以满足人们的欲望，人们就没有不听从命令的了，功业就没有不能建立的了。圣贤的君王执守根本，四方部族都来归服，说的大概就是这种情况吧！

由以上对君臣民的论述来看，《吕氏春秋》是主张以和谐的方式来处理政治事务。《圜道》篇说：“今五音之无不应也，其分审也。宫徵商羽角，各处其处，音皆调均，不可以相违，此所以不受也。贤主之立官，有似于此。百官各处其职、治其事以待主，主无不安。以此治国，国无不利矣；以此备患，患无由至矣。”这是由音乐的和谐论及一国之政事，如果百官都能恪守其职，做好自己分内之事，则举国上下都能井井有条，秩序井然。可见，在《吕氏春秋》看来，社会的治理应当与自然一样，具有一种和谐统一的状态。这是带有鲜明的儒家色彩的主张。

郭沫若在其《十批判书》之《吕不韦与秦王政的批判》中就写道：“秦始皇的成功一多半是时代的凑成。中国自春秋以来，由十二诸侯而成七国，无论政治上与思想上所走的都是趋向统一的路线，而始皇承六世的余威，处居高临下的战略地位，益之以六国诸侯的腐败，故他收到了水到渠成的大功。但这并不是说他的方法用正确了。相反的，假如沿着吕不韦的路线走下去，秦国依然是要统一中国的，而且统一了之后断不会仅仅十五年便迅速地彻底崩溃。”这是对《吕氏春秋》政治思想很好的肯定。

第四节　《吕氏春秋》中的军事思想

《吕氏春秋》中有关军事理论部分集中在十二纪中的孟秋、仲秋、季秋纪中。秋季是万物萧瑟的季节，有肃杀之气，所以《吕氏春秋》十二纪于秋季主张“天子乃命将帅，选士厉兵，简练杰俊,专任有功，以征不义，诘诛暴慢，以明好恶，巡彼远方”。以下，我们主要根据十二纪中的秋季诸篇，即《荡兵》《振乱》《禁塞》《怀宠》《论威》《简选》《决胜》《爱士》《顺民》《知士》，来分析探讨《吕氏春秋》一书中的军事思想。

一　战争论

《吕氏春秋》对战争的基本观点是：战争是人类社会发展的必然产物，兵不可偃，因为它是维持人类正常秩序的需要，反对非攻。

1. 战争起源论

战国时期，周天子王权失坠，天下乱而无统。诸侯之间出于对土地、人民、财产和权力的强烈欲望，相互之间展开了长期的战争，这成为当时历史发展的主旋律。在这样一个严酷的现实面前，诸子的非战言论显得十分苍白，也根本无力拯救社会。相比之下，法家、兵家之说由于顺应了历史潮流的发展，为当时统治者所采用。这些情况使得《吕氏春秋》对战争采取了一种比较现实的态度，它并没有回避这一话题。

在《荡兵》篇里，作者首先以社会进化论的观点指出战争是由来已久的事情，认为“兵之所由来者上矣，与始有民俱”。那么，为什么会有“兵”呢？其认为，“兵所自来者久矣，黄炎故用水火矣，共工氏固次作难矣，五帝固相与争矣，递兴废胜者用事。人曰蚩尤作兵。蚩尤非作兵也，利其械矣。未有蚩尤之时，民固剥林木以战矣。胜者为长，长者则不足治之，故立君。君又不足以治之，故立天子。天子之立也，出于君。君之立也，出于长。长之立也，出于争。争斗之所自来者久矣，不可禁，不可止。故古之贤王有义兵而无偃兵”。作者从人类历史发展的客观实际出发，从社会进化过程中存在的内在矛盾与斗争关系出发，认为在人类以往的历史上，战争作为一种客观存在，它的发生发展是不以个人意志为转移的。

在最本质的根源上，《吕氏春秋》将战争归因于人的本性：“凡兵也者，威也；威也者，力也；民之有威力，性也。性者，所受于天也，非人之所能为也。”正因为人类追求威势和力量是发自人的内在的本性，这就构成了战争的心理基础。这里，《吕氏春秋》显然是继承了荀子开启的“性恶论”，直接从人的内在本性说明战争的终极根源。比较起来，《吴子》在谈到战争起源时说：“凡兵之所起者有五：一曰争名，二曰争利，三曰积恶，四曰内乱，五曰因饥。”① 韩非则从经济上加以分析：“（古者）不事力而养足，人民少而财有余，故民不争”；今者“人民众而货财寡，事力劳而供养薄，故民争”。② 他从后天的社会的原因来说明战争的起源，应该比《吕氏春秋》的观点更

① 《吴子·图国》。

② 《韩非子·五蠹》。

切实合理。[1]

《吕氏春秋》关于战争起源的论述应当说是有相当深度的，它不仅总结了以往战争的发生原因，而且从人性的角度作了一些探讨，这对于人们认清战争的本质是有所帮助的。但也有学者指出：其把战争视为与生俱来的事物是不足取的，也明显带有历史的局限性。[2] 战争不是从来就有的，也不是永恒的，战争只是社会生产力发展到一定阶段的产物。

2. 战争观

在对待战争的态度也就是战争观的问题上，先秦百家分歧明显。墨家疾呼“非攻”，以和平主义的面目出现。老子厌恶文明所带给人类的一切，因此斥责“兵者不祥之器”，主张回到“虽有甲兵，无所陈之”的那样一种社会，把战争取消。孔子虽然重文教而轻武事，但并不是笼统地反对一切战争，而是加以性质的区分，力倡“义兵”。孙子从战争在整个社会生活中难以抹去的重要意义出发，提出“利战说”，重战、慎战而又理智现实地规划战争。法家则把战争作为实现国家政治目标的主要手段，提倡“力战”，有一种军国主义的思想趋向。《吕氏春秋》在战争观上以儒家学说为价值取向。[3]

《吕氏春秋》从战争出自人的天性这一立论出发，认为既然人的天性不可泯灭，所以兵不可偃。战争固然会带来破坏，甚至有的会因此而亡国，但应分清小害与大利。

① 龚留柱：《〈吕氏春秋〉和〈淮南子〉的军事思想比较》，载《河南大学学报》，2003 年第 5 期。

② 郭睿姬、郭淑珍：《〈吕氏春秋〉中的军事思想试析》，见《秦文化论丛》第八辑。

③ 龚留柱：《〈吕氏春秋〉和〈淮南子〉的军事思想比较》，载《河南大学学报》，2003 年第 5 期。

《荡兵》篇说："家无怒笞，则竖子婴儿之有过也立见；国无刑罚，则百姓之悟相侵也立见；天下无诛罚，则诸侯之相暴也立见。故怒笞不可偃于家，刑罚不可偃于国，诛罚不可偃于天下。"作者认为，"义兵"是除天下之凶残、解百姓于倒悬的利剑，是救治天下的"良药"，所以"古之圣王，有义兵而无有偃兵。夫有以噎死者，欲禁天下之食，悖。有以乘舟死者，欲禁天下之船，悖。有以用兵丧其国者，欲偃天下之兵，悖。夫兵不可偃也，譬之若水火然。善用之则为福，不能用之，则为祸。若用药者然，得良药则活人，得恶药则杀人，义兵之为天下良药也，亦大矣"。如果反对攻伐，就是摈弃有德，惩罚正义，也即阻挠商汤、周武王的事业，助长夏桀、商纣的罪恶，所以，"乱天下害黔首者，若论为大"。其认为战争不可止，"义兵"可以为"天下良药"。这里是从传统的民本思想出发，认为凡是正义之兵，则为吊民伐罪和振世救乱，为民去害取利，自然不能止。联系到作者所处的时代背景，"义兵"所指，正是秦国正在进行的统一战争，所以文中赞赏"攻伐"而反对"救守"。《振乱》篇说："今之世学者多非乎攻伐。非攻伐而取救守，取救守则向之所谓长有道而息无道，赏有义而伐不义之术不行矣。天下之长民，其利害在察此论也。"在《禁塞》篇中，作者又说："夫救守之心，未有不守无道而救不义也，守无道而救不义，则祸莫大焉，为天下之民害莫深焉。"这其实正是现实形势的反映，秦国要以积极进攻兼并六国，它所担心的是六国互相"救守"，合纵以抗秦。作者并不笼统地反对军事上的防御战略，反对的只是暴君乱国的"救守"，对于义兵来说，"兵苟义，攻伐亦可，救守亦可；兵不义，攻伐不可，救守不可"。其关键还在战争的性质。

二　“义兵”思想

“义兵”也即正义之兵、正义之师。其中“义”的概念主要是汲取儒家思想中的“仁义”而来，另外也吸取了墨家的一些“义兵”思想。事实上，秦从吕不韦当政以来，一直在实践着《吕氏春秋》的“义兵”思想。据杨宽先生《战国史》的考证，战国晚期以后，秦在进行兼并战争中不再以大量杀戮士兵及人民群众的生命为目的，这同昭襄王时期秦每战动辄斩首数十万是有明显区别的。《吕氏春秋》在继承前代兵家进步战争观念的基础上，旗帜鲜明地提出“义兵”思想，认为只有正义之师才能结束分裂割据局面，使社会重新回到统而有序的正常轨道。

1．义兵之内涵

《吕氏春秋》认为“义兵”的含义有二：其一，攻无道而伐不义。如《振乱》篇中说：“夫攻伐之事，未有不攻无道而伐不义也。攻无道而伐不义，则福莫大焉，黔首利莫厚焉。”把攻伐之战均说成是攻无道而伐不义之战，是有片面性的，但作者的意旨在于强调要兴攻无道、伐不义的义兵。该篇以汤、武与桀、纣作比较，意在肯定和褒扬汤、武之师的正义性。其二，拯救民生。所谓“兵之来也，以救民之死”①，是说义兵以救民为天职。而对害民之国君的诛杀正是为了实现救民之目的，即“将以诛不当为君者也，以除民之雠而顺天之道也”②。在《论威》篇中讲得更为明白：“凡兵，天下之凶器也；勇，天下之凶德也。举凶器，行凶德，犹不得已也。举凶器必杀，杀，所以生之也；行凶德必威，威，所以慑之也。敌慑民生，

① 《吕氏春秋·怀宠》。

② 《吕氏春秋·怀宠》。

此义兵之所以隆也。”义兵之所以崇尚武勇、杀威，正在于慑服害民之雠，拯救大众民生。在《怀宠》篇中，对义兵的属性和标准作了集中描述，其云：

> 故克其国，不及其民，独诛所诛而已矣。举其秀士而封侯之，选其贤良而尊显之，求其孤寡而振恤之，见其长老而敬礼之。皆益其禄，加其级。论其罪人而救出之；分府库之金，散仓廪之粟，以镇抚其众，不私其财；问其丛社、大祠民之所不欲废者，而复兴之，曲加其祀礼。是以贤者荣其名，而长老说其礼，民怀其德。

以上所述，反映了作者对先秦时期民本主义思想的崇尚、继承和对军事人道主义的发展，也是评价战争是否具有正义性的基本标志，评价义兵是否尽到“义”之道德责任和义务的基本标准，对后人很有借鉴意义，但作者倡导义兵的最终目的在于兼诸侯而王天下。显然，上仁德、倡义兵的理论都是为其攻伐兼国、一扫群雄服务的。这一点其实也无可厚非，因为当时统一已成为历史发展的大趋势，义兵虽然是“兵”，但比起穷兵黩武式的征服来说，还是进步很多了。

2．义兵之作用

在战争中，义兵具有以下作用：第一，可以获取民心。如《怀宠》篇所述：“故义兵至，则邻国之民归之若流水，诛国之民望之若父母，行地滋远，得民滋众，兵不接刃而民服若化。”即是说义兵可以得到人民拥护，使人民迅速归顺。第二，可以统一军心。《论威》认为军队提倡“义”，则可使三军将士一心，所向无敌。因为“人情欲生而恶死，欲荣而恶辱”，如果能用义把军人的生死荣辱标准统一起来，“则三军之士可使一心矣”，而“三军一心则令可使无敌矣”。这样的军队，是“重乎天下，贵乎天子”的“至兵”。第三，可以迅速致胜。正义之师将会得到人心，使敌人“失道寡助”，众叛亲离。在《决胜》篇里，作者说：“夫兵有本干，必义，必智，必勇。义则敌孤独，敌孤独则上下虚，民解落，孤独则父兄怨，贤者诽，乱内作。”意即符合正义的战争，就会使敌人处于孤立无援的境地，从而促使其国内人民与其统治者离心离德，导致敌国内部的混乱。这样，敌人就会不战自败。总之，唯有义兵，方可做到“必义，必智，必勇”，方能肩负起胜敌兴国之使命。

作为一种战争理论，“义兵”思想具有浓厚的中国传统文化特色。郭睿姬、郭淑珍对此有十分全面的总结，其称：

> “义兵”思想反映了中国古代兵家对战争本质问题的一种认识水平。在《孙子》成书的年代，作者对于战争本质问题尚未论及，所以也没区别所谓正义战争和非正义战争的性质。孙武只是从战争给人民带来的严重后果出发，指出了战争的胜败直接关系到国家民族的兴衰存亡，曰之“兵者，国之大事，死生之地，存亡之道，不可不察”。以后的兵书大都继承了孙武的这一观点。最早对战争性质问题有所论及的是《管子》《司马法》及孔子。《管子·参患》曰：“兵者，外以诛暴，内以禁邪。”《大戴礼记》记载孔子是主张进行“禁残止暴”的战争的。他说：“圣人之用兵也，以禁残止暴于天下矣。”《司马法·仁本》曰：“杀人安人，杀之可也；攻其国，爱其民，攻之可也；以战止战，虽战可也。”这些看法表达的都是一种进步的战争观念。到了战国晚期，对战争性质问题的认识又前进了一步。如《尉缭子》一书就对战争性质进行了明确的划分和论述，它第一次比较深刻地揭示了战争的本质和动因，认为战争是政治的继续，是政治的外在表现形式，战争的动

因在于经济利益的驱动。所以尉缭明确反对“挟私利而战”的非正义战争，主张进行“挟义而战”的进步战争。如果说《尉缭子》的“义战”思想还仅散见于个别篇章中的只言片语的话，那么《吕氏春秋》的几个篇章就是全面而集中地论述“义兵”思想的著作了，并且是对《尉缭子》“义战”思想的进一步发展。《吕氏春秋》十二纪秋季十二篇论兵的文章可以说都涉及到了“义兵”问题，其中孟秋季四篇《荡兵》《振乱》《禁塞》《怀宠》是集中论述“义兵”问题的篇章。作者从战争的起源论述了战争的不可避免性，从人类历史发展的趋势和当时社会的现实论述了进行正义战争的必要性，从兵法的讲究论述了“义兵”决胜必须遵循的原则。总之，作者是主张以正义战争消除封建割据、完成社会统一的，因而是一种具有进步意义的战争观念。[①]

从这些论述里，我们不仅可以了解整个“义兵”思想的产生发展过程，更可从中了解古代中国人对战争认识的发展过程。《吕氏春秋》中的“义兵”思想是这些过程不断积累的产物，可以说是达到了当时战争理论的一个新高度，其中丰富的军事思想是值得我们去进一步探讨的。

三　战略战术思想

1．战略思想

《吕氏春秋》的军事思想是具有战略高度的。《期贤》篇曾提到魏文侯因礼遇段干木而使秦国不敢进攻魏国的事例，然后

① 郭睿姬、郭淑珍：《〈吕氏春秋〉中的军事思想试析》，见《秦文化论丛》第八辑。

评论说："魏文侯可谓善用兵矣。尝闻君子之用兵，莫见其形，其功已成，其此之谓也。野人之用兵也，鼓声则似雷，号呼则动地，尘气充天，流矢如雨，扶伤舆死，履肠涉血，无罪之民，其死者量于泽矣，而国之存亡、主之死生犹不可知也。其离仁义亦远矣！"这里所提倡的是一种高明的战略家胜兵于无形的做法，很符合儒家的"仁义"理念，也显示了《吕氏春秋》军事思想中明确的战略意识。

为了顺利实现战争的目的，《吕氏春秋》首先从士兵的人选上提出了要求。《简选》篇特别把"选练角材"视为"义兵之助"的四个因素之一。历史上，第一个提出选兵思想的是孙武，《孙子兵法》曰："兵无选锋，曰北。"但大规模的选练士卒是始于战国以后。成书于这一时期的《吴起兵法》《孙膑兵法》《尉缭子》《六韬》等兵书都有专门的篇章谈选练士卒之法。《吕氏春秋》的兵家继承了前代兵家的这一精兵思想，并重点论述了选练精锐与"义兵"致胜的关系。它对当时社会上流传的"武士不选"就可以作战的言论进行了批判，认为"世有言曰，驱市人而战之，可以胜人之厚禄教卒，老弱疲民，可以胜人之精士练材，离散系，可以胜人之行阵整齐，锄白梃，可以胜人之长铫利兵"的说法是"不通乎兵者之论"，表现了作者对选兵练卒的重视。作者认为，只有"简选精良，兵械利，令能将将之"，才能成就如商汤、周武王那样的王业或齐桓、晋文、吴王阖闾那样的霸业。这种选练精锐的思想反映了军事专门化的趋势。

有了良兵强将，还要有可以压倒敌人的气势。《论威》篇认为"善谕威者，于其未发也"，以威力决胜，实质上正是靠战略致胜之意。换句话说，就是首先使自己处于战略上的有利地位，先谋划造就不被敌人战胜的威力，这样，兵不接刃而敌已服矣。这与孙子的"不战而屈人之兵"的战略思想是一脉相承的。那么，威猛的气势从何而来呢？这就是士气。在如何激励军队“士气”提高军队战斗力的问题上，诸子百家有不同的取向。儒家倾向于主张将军治兵，一是信赏信罚，二是爱兵如子。法家则更多地强调军令的严肃性，要“将能立威，卒能节制”。如《尉缭子·兵令》所说：“古之善用兵者，能杀卒之半，其次杀其三，其下杀其十一。能杀其半者，威加海内；杀十三者，力加诸侯；杀十一者，令行士卒。”① 在这方面，《吕氏春秋》较多地受到儒家思想的影响，它在治军上提出义、智、勇三根本，即：“夫兵有本干：必义、必智、必勇。”如果“义”和“智”更多地指的是上层决策的话，“勇”则对全军上下而言，其中包含有“士气”的因素，在作战中具有重要意义。《决胜》篇说：“夫民无常勇，亦无常怯。有气则实，实则勇；无气则虚，虚则怯。怯勇虚实，其由甚微，不可不知。勇则战，怯则北。战而胜者，战其勇者也；战而北者，战其怯者也……军大卒多而不能斗众，不若其寡也。”在这里，士气远比军队的人数更受重视。这也是一种相对进步的军事观，即战争的胜负不能仅仅靠人数的多寡来判断。

出于对士气的关注，《吕氏春秋》还注意到兴兵与社会生活的关系问题，提出一些用兵原则，如不违背农时，即春夏不兴兵的原则。这里面当然有阴阳五行的神秘思想，但在“以农立国”和军队主要由小农组成的中国古代社会，春夏不举兵的做法既是合理的，也是得民心的。

2. 战术思想

为了使正义之师战而胜之，《吕氏春秋》秋季诸篇总结出许多具体的用兵原则，对此，郭睿姬和郭淑珍二人合作的

① 龚留柱：《〈吕氏春秋〉和〈淮南子〉的军事思想比较》，载《河南大学学报》，2003 年第 5 期。

《〈吕氏春秋〉中的军事思想试析》一文中有全面论述，其大意可分五点：其一曰“先发制人思想”。如《论威》篇说：“凡兵欲急疾捷先。欲急疾捷先之道，在于知缓徐迟后与急疾捷先之分也。急疾捷先此所以决兵之胜者也。”这是要争取先机之意。其二曰“攻其无备，出其不意”。《论威》篇曰：“夫兵有大要，知谋物之不谋之不禁也，则得之矣。”这就是说，用兵的关键，在于找出敌人所没有准备到的地方进行打击，也即《孙子兵法·计篇》的“攻其无备，出其不意”。其三曰“兵不厌诈”，以谋制胜。《决胜》篇说：“夫兵有本干：必义，必智，必勇。”其中“智”就是讲智谋、韬略之意。这是强调战争中策略的重要性，要智勇兼顾方为上策。其四曰“因敌制胜”。《决胜》篇说：“凡兵贵其因也，因也者，因敌之险以为己固，因敌之谋以为己事。能审因而加胜则不可穷矣。胜不可穷谓之神，神则能不可胜也。”这里强调的是要依据敌情变化而采取灵活机动的战略战术以争取战争胜利。其五曰“掌握战争主动权”。《决胜》篇论及：“夫兵贵在不可胜，不可胜在己，可胜在彼。圣人必在己者，不必在彼者。”这与《孙子》的“善战者，致人而不致于人”是同样的意思，都是说要掌握战争主动权以调动敌人而不被敌人所调动之意。

作者还指出，凡用兵作战获胜都是敌人犯有过失的缘故，战胜犯有过失的敌人，行动一定要“必隐必微，必积必抟。隐则胜阐矣，微则胜显矣，积则胜散矣，抟则胜离矣”。“隐”和“微”都有隐蔽潜藏之意，“积”和“抟”都有聚积专一之意。作者认为，能做到隐蔽就能战胜公开的敌人，能做到潜藏就可以战胜暴露的敌人，能做到聚积力量就可以战胜零散的敌人，能做到集中兵力就能战胜力量分散的敌人，这才是“胜之一策”也。

此外，《吕氏春秋》也承袭了《孙子》“兵之情主速”“久则钝兵挫锐”“善战者其势险其节短”的军事思想，极力主张在作战中抓住时机，快速主动。《贵卒》篇也说：“力贵突，智贵卒。得之同则速为上，胜之同则湿为下。所为贵骥者，为其一日千里也；旬日取之，与驽骀同。所为贵镞矢者，为其应声而至；终日而至，则与无至同。”这则是说，要做到“突”和“速”，首先就是要善于把握时机。总之，由于身处战乱频仍的年代，《吕氏春秋》对战术的总结是非常丰富的。

综上可见，《吕氏春秋》所论述的战略战术思想对前代兵家思想有继承也有发展。它的战争理论中最鲜明的一点还是其进步的战争观念，即“义兵”思想。正如有学者指出的：“若说《孙武兵法》是春秋之季军事思想的总结，《孙膑兵法》是战国中叶战争经验的总结，那么《吕览》之论战争则是战国之末军事理论的总结，如妄名之《吕览兵法》，亦未尝不可也。”[①] 这也是对《吕氏春秋》军事思想价值的充分肯定。的确，《吕氏春秋》注重从政治方略来看待天下大势，以建立大一统的秦帝国的封建王朝为目标，在军事思想中处处贯穿其“义兵”说，因而其战争理论具有时代特色和可贵价值，值得人们重视并深入研究。

---

① 李家骧：《〈吕氏春秋〉的战争论》，载《湘潭大学学报》，1994 年第 3 期。

第五章

《吕氏春秋》的经济思想

战国时代，农业与商业是国家经济的主要构成部分。《吕氏春秋》对这两个部分都给予了充分的重视。其农业思想主要体现为重视农业生产，强调农业对社会稳定的巨大作用，主张对农民推行“尽地力之教”，使农民安心于从事农业生产并取得较好的收成；其工商业观则表现为“不废工商”，即虽然十分强调农业的作用，但并不主张抑制工商业的发展，而是要使三业协调，共同实现社会经济的繁荣。

第一节　以农为本的农业思想

一　先务于农

民以食为天，农业是春秋战国决定性的生产部门，重视农业是每个农业国家必须制定的基本政策。《吕氏春秋》对此深有体悟，因而大力倡导重农。《上农》《任地》《辩土》《审时》四篇是《吕氏春秋》中集中讨论农业问题的篇章，这四篇论文整体上构成了完整的结构体系。《上农》《审时》是对农业与社会、农业与自然关系的总体把握，要求生产者重农趋时；《辩土》是对农业生产的场所——土壤进行改良、耕作，以及田间管理的原则、措施和要求；《任地》是要求技术措施达到的总体目标和结果。尽管内容有交错，但始终围绕天、地、人这种结构模式。

《上农》篇说："古先圣王之所以导其民者，先务于农"，"若民不力田，墨[1] 乃家畜，国家难治，三疑乃极，是谓背本反则，失毁其国"。这表明其将重农视为一种重要的治国方略、富国强兵的根本。《吕氏春秋》的重农思想与其说是出于经济上的考虑，不如说是出于政治上的考虑，因为其重农所强调的是"民农非徒为地利也，贵其志也。民农则朴，朴则易用，易用则边境安、主位尊。民农则重，重则少私义，少私义则公法立、力专一。民农则其产复，其产复则重徙，重徙则死处，而无二虑"[2]。这就是认为：使民众从事农业不仅是为了满足他们获取食物的需要，更重要的是要借助农业来安定人心，实现统治。所谓"贵其志也"，就是重视农民的思想意识、思维方式、价值观念等文化范畴的东西，即质朴易用、奉公守法、安土重迁等内容，这些是农业民族独特的文化特征，对社会稳定和发展颇为重要。《吕氏春秋》之重农事，不从"食为民天"、丰衣足食这一点发挥，而侧重于农业对时风世俗的影响，强调"民舍本而事末则不令，不令则不可以守，不可以战。民舍本而事末则其产约，其产约则轻迁徙，轻迁徙则国家有患，皆有远志，无有居心。民舍本而事末则好智，好智则多诈，多诈则巧法令，以是为非，以非为是"[3]。可见其所重视的还是农业所具有的加强国家法制的政治作用。这里体现的是一种经济目标和社会目标的统一。

① 应通"没"。
② 《吕氏春秋·上农》。
③ 《吕氏春秋·上农》。

二　先务于农的体制保障

为了实现这些目标，《吕氏春秋》提出了许多具体措施。《吕氏春秋》十分重视土地的利用规划。《上农》篇说：“上田，夫食九人，下田，夫食五人，可以益，不可以损。一人治之，十人食之，六畜皆在其中也。此大任地之道也。”这是强调要保证农业生产的收成在一定水平之上。为达到这一目的，在体制上，它主张土地私有及君民并耕。

为提高农业生产效率，它顺应时势，主张土地私有制，称“今以众地者公作则迟，有所匿其力也；分地则速，无所匿迟也”①。所谓“分地”，即实行土地私有制，这样可提高老百姓的生产积极性，提高生产效率，从而增加产出。

为鼓励老百姓重视农业，《吕氏春秋》还强调要君民并耕。如《上农》说：“是故天子亲率诸侯耕帝籍田，大夫士皆有功业。”并主张后妃亲织：“后妃率九嫔蚕于郊，桑于公田，是以春秋冬夏皆有麻枲丝茧之功，以力妇教也。”这是主张君主后妃要身为民先，为民众做出榜样。此即《爱类》篇所说：“故身亲耕，妻亲织，所以见致民利也。”

此外，在农政方面，《吕氏春秋》还主张一切为农业生产让路，保证其不受干扰。这与商鞅把重农作为扶持战争的手段，有着本质区别。为保证农时，《上农》篇提出了许多禁令，如“时禁”：正当农作之时，“不兴土功，不作师徒；庶人不冠弁、娶妻、嫁女、享祀，不酒醴聚众；农不上闻，不敢私籍于庸，为害于时也”。这是说农忙之时不能大兴土木、发动战争，不能举行冠礼、婚礼、祭祀等。再如“野禁”：“苟非同姓，农不出御，女不外嫁……农不敢行贾；不敢为异事”。这是通过

① 《吕氏春秋·审分》，“迟”疑为“衍”字。

保证本地婚姻来达到本地人口的稳定，防止扰乱当地的劳动力分配；同时强调不能随便从农业转往他业，并对农业从业者提出了“非老不休，非疾不息，非死不舍”的要求，可见其控制是相当严格的。

三 尽地利之教

地尽其利是农业管理的根本目标。吕氏于《任地》《辩土》《审时》三篇文章中，分别阐述了“任地之道”“耕之道”“凡农之道，厚之为宝”，组合成系统全面的古代农业经验，以期为世人所用。

在农业技术方面，《吕氏春秋》主要是要告民耕稼之道，规范其技术行为。土地作为农业最基本的生产资料和劳动对象，直接参与作物生产过程，其状况优劣与作物产量和品质密切相关。

《吕氏春秋》关于农业生产的思想是一个十分完备的体系，它将与此相关的农作物、土壤环境以及参加劳作的人视为一个有机联系的共同体，并从这三个方面作出了一定的阐释。《审时》篇中指出“夫稼，为之者人也，生之者地也，养之者天也”，这即是将天、地、人三者都纳入农业生产之中。在三者中，人要积极劳作，这是获得收获的重要前提。《长攻》篇说：“譬之若良农，辨土地之宜，谨耕耨之事，未必收也。然而收者，必此人也，始在于遇时雨。遇时雨，天地也，非良农所能为也。”这里体现的其实是一种“尽人事以待天命”的思想。尽人事不能盲目操作，必须依照一定的天时。《审时》篇指出“凡农之道，厚之为宝”。按陈奇猷的解释，这里的“厚之为宝”当是“厚时为宝”之误，因为《审时》全篇皆讲遵守时令之重要，所以这里是教育人们要把笃守天时看作是农业生产的重要原则。《吕氏春秋》把春、夏、秋、冬分为孟、仲、季十二纪，在每个纪都有与天时相应的物候与农事，并且从正反两个方面给人们指出了遵守农时的好处和延误农时的坏处。此外还要因时因地制宜。《任地》主要讲述如何使用土地，即根据不同的土地情况采取不同的耕作方法：“凡耕之大方：力者欲柔，柔者欲力；息者欲劳，劳者欲息；棘者欲肥，肥者欲棘；急者欲缓，缓者欲急；湿者欲燥，燥者欲湿。上田弃亩，下田弃甽。五耕五耨，必审以尽。其深殖之度，阴土必得。”这里提及的都是在土壤的利用中需要注意的问题，其主体思想是取长补短，以达到最好的种植效果。《辩土》提出要防止“三盗”的问题，即“无与三盗任地：夫四序参发，大圳小亩，为青鱼胠，苗若直猎，地窃之也；既种而无行，耕而不长，则苗相窃也；弗除则芜，除之则虚，则草窃之也。故去此三盗者，而后粟可多也”。这里的地盗是说田畦做得太窄，垄沟做得太宽；苗盗是说苗太挤；草盗是说草太盛。《吕氏春秋》认为，这三者都是在农业生产中应当避免的，只有避免了这三盗才可能获得丰收。这些都是对以往农业生产经验的总结，具有重要的文献价值及指导意义，其中所提及的经验在今天也仍有值得借鉴之处。

《吕氏春秋》的农业思想涉及到有关天的物候天象、地的土壤知识教育、人的农作技术等方面。这些内容的确抓住了农业的根本问题，因为如何正确处理人和天、地之间的关系是农业生产的关键。

第二节　不废工商

在突出了农业的重要性之后，《吕氏春秋》也提到了其他社会分工之必不可少。《上农》篇提出：“凡民自七尺以上属三官，农民攻粟，工攻器，贾攻货，时事不共，是谓大凶。”这是说凡百姓成年以后，都分别归属于三种社会分工：农、工、商。农民的职责是生产粮食，工匠的职责是制作器物，商人的职责是经营货物。要让农、工、商三业全面发展，以增加社会财富。这三种分工是符合社会经济发展需要的。从必要的社会分工来考虑，已可看出，作为“属诸三官”之一的商业，在《吕氏春秋》中自有其应占的地位，大不同于商鞅对商业的抑制以至于摈斥的态度。[①] 究其原因，是因为吕不韦当政在商鞅变法后一百多年，他是代表商人利益的朝廷新贵，所以在《吕氏春秋》中反映的商业观，明显地对秦国一贯的抑商思想有所改变。

《吕氏春秋》重农而不抑商，其所不抑的商是什么含义呢？由于中国自古以农业为本，所以，即使注意到了分工的必要性，但《上农》篇仍强调“农不敢行贾，不敢为异事，为害于时也”，即农民不得经商，不得去干其他事，因为这会妨害农时。从这个论述可以看出，《吕氏春秋》并不主张大力发展商业，“农不敢行贾”，则新的商人就无从产生，而原有的商人要负责承担整个社会的商品交换需要，这样不断发展的结果，必然是形成一些大商贾。所以《吕氏春秋》的商业政策其实是只对大商人有利，它所不加否定、不加抑制的商，应该是富商大贾了，即抑小不抑大，所要扶植、纵容的是包括了周游列国之间的大贩运商和在国内经营盐、铁、酒等大行业的大商人，尤其是后者。如果说商鞅时代抑商矛头主要是指向弃农经商的中小商人，而非国内“富商大贾”，当时这部分人数量还不多，力量也还不大，那么在商鞅死后的一段时间，随着秦国经济的发展，国内大商人极力谋求发展的机会，与抑商政策的矛盾就

① 王双：《不抑富商大贾 力主自由放任——〈吕氏春秋〉的商业观》，载《学术月刊》，1999年第3期。

日益加深了。代表大商人势力的吕不韦正是不满意由商鞅始作俑的、秦国对发展中的大商人在政策上的抑制，谋求放松限制，使他们能得到自由的发展，从而在《吕氏春秋》一书中，自然流露出自己对这部分人的同情支持的观点。

《吕氏春秋》的《月令》对人们从事商业多有规定，如仲秋纪提出："是月也，易关市，来商旅；入货贿，以便民事，四方来杂，远乡皆至，则财物不匮，上无乏用，百事乃遂。"仲秋八月是农业收获季节，官府在敦促百姓收获、储藏的同时，要免除关市的税收，招徕商贾，带来财货，使其能以所有易所无，给人民带来方便。由于关市免税，"四方"商旅皆来进行贸易，产品的流通便由此实现。类似的规定在其他时节亦有，如仲夏记提出"仲夏之月，门间无闭，关市无索"，仲冬纪提出"山林薮泽，有能取疏食田猎禽兽者，野虞教导之"，无论关市、山泽，都允许自由往来，自由捕猎，自由采摘，自由贸易，不禁止，不征税。这足以证明《吕氏春秋》对国内商人也极力主张实行轻税政策，正和商鞅的"不农之征必多，市利之租必重"的重征商税政策以及国家独占山林之利、实行盐铁专卖制度等大唱反调。

由于历史发展的原因，《吕氏春秋》对于商贾不加抑制的政策仅仅停留在了理想中，在《吕氏春秋》成书后不久，吕不韦即被已亲政的秦王政贬斥至死，而商鞅的抑商政策、经济干涉主义思想在秦国更变本加厉地推行下去，辛勤著书的吕不韦并未能达到发展商业的目的。但在客观上，商业在统一国家的良好经商条件下，必然得到相当的发展。

此外，在财税政策上，《吕氏春秋》也有一些值得注意的思想。如在税收政策上，孟夏纪提出"蚕事既毕，后妃献茧，乃收茧税，以桑为均，贵贱少长如一，以给郊庙之祭服"，这是说在桑蚕之事结束后，后妃要向天子献上蚕茧，于是向养蚕的人收取茧税，税按照桑树的多少来均分，贵贱长幼一视同仁，用这些税收来供给祭天祭祖时所用的祭服。这里虽然存在着明显的剥削，但至少在民间是提出了“贵贱少长如一”这样的公平赋税思想，这在历史上并不多见。此处还体现了专项收入用于专项事务的思想，如“以给郊庙之祭服”说的是蚕税是专门用于制作皇室祭祖、祭天的祭服的。这些虽只是只言片语，但其中所蕴含的积极思想是不容忽视的。

综上所述，《吕氏春秋》的经济思想主要体现在重农方面，它将保持农业的稳定视为保持国家政权稳定的重要因素；同时它也看到了适当发展工商业的必须性和重要性，所以采取了扶持一些手工业者、不抑制富商大贾的政策。这样的政策是对以往社会发展经验的总结，有较强的实际意义，对保证社会正常运转起到了一定的积极作用。

第六章

《吕氏春秋》的哲学思想

《吕氏春秋》对宇宙产生的认识十分朴素，认为万物及人均源于自然，这是一种灼见。其局限在于将这种朴素意味过分夸大，试图用十二纪的形式将人类社会的一切活动规范起来，其设想不可谓不严密，但正是这种严密使这种认识丧失了应有的水准，从而将社会运动理解为简单的周而复始的循环。在对历史人物及事件的分析中，《吕氏春秋》表现出较多的辩证思想，这是非常可贵的。在认识论中，《吕氏春秋》的主要观点是万事万物都具有复杂的性质，但其本质并非不可触摸，因为人有强大的认知能力；要获得正确的认知，就必须除囿解蔽，排斥淫辞，循名责实。

第一节　《吕氏春秋》的天人观

一　生于阴阳，化于太一

《吕氏春秋》是这样描绘宇宙天地起源时的情景的："太一出两仪，两仪出阴阳。阴阳变化，一上一下，合而成章。浑浑沌沌，离则复合，合则复离，是为天常。天地车轮，终则复始，极则复反，莫不咸当。日月星辰，或疾或徐，日月不同，以尽其行。四时代兴，或暑或寒，或短或长，或柔或刚。万物所出，造于太一，化于阴阳。”[1] 这里体现的是一种万物同源的思想，即认为万事万物都源于“太一”，这种观点带有明显的道家色彩。对此，《吕氏春秋》还有一个自己的表达方式，《有始》说：“天地有始。天微以成，地塞以形。天地合和，生之大经也。以寒暑日月昼夜知之，以殊形殊能异宜说之。夫物合而成，离而生，知合知成，知离知生，则天地平矣。”这里是用“天地”代替了“太一”。

太一之气不仅是始生之源，还是生命进一步自我显现其独特性的根本动力，因为“精气之集也，必有入也。集于羽鸟与为飞扬，集于走兽与为流行，集于珠玉与为精朗，集于树木与为茂长，集于圣人与为修明。精气之来也，因轻而扬之，因走而行之，因美而良之，因长而养之，因智而明之”[2]。这是说由于太一之气的不同存在方式或位置而产生了万事万物的个体差异。但反过来说，万事万物虽各不相同，但由于其皆源自“太一”，因而其彼此间有非常密切的联系和共通之处，因而会有“天地万物，一人之身也，此之谓大同”[3] 之说。这里是强调人与自然的密切关系，认为合理的天人关系应是以贵生全天为基础、以生养万物为目的。而这种关系之所以得以产生并且必然维持下去，则全赖于天人之间的相互感应。“类固相召，气同则合，声比则应。”正因为万物与人具有共同的本质，所以，人与万物存在感应的可能，而顺从这种感应则是二者之间相处的最好方式。“鼓宫而宫动，鼓角而角动。平地注水水流湿，均薪施火火就燥。山云草莽，水云鱼鳞，旱云烟火，雨云水波，无不皆类其所生以示人。故以龙致雨，以形逐影，师之

---

① 《仲夏·大乐》。

② 《季春·数尽》。

③ 《有始览·应同》。

所处，必生棘楚。祸福之所自来，众人以为命，安知其所。”[1]感应是阴阳作用的具体表现，也是宇宙创生天地万物、维系天人和谐存在的最根本的运动方式。

万事万物都源于“太一”，太一之气的不同存在方式决定了万事万物的个体差异；由于万物同源，所以人与万物之间会产生一定的感应，这种感应是人与万物的最好相处方式。这就是《吕氏春秋》关于人与万物起源及其相互关系的认识，这种认识虽然显得有些懵懂，但其还是触及了一些宇宙起源及人与万物关系的本质。这种认识加深了其对天人合一的理解，使其在仿照天命安排人事上较前人大为迈进，其直接成果便是十二纪的产生。

二 周而复始，循环往复

中国古代的哲学是一种天人合一的哲学，孟子的“天与人性”、庄子的“玄德”境界，无疑是这种哲学的先导。《吕氏春秋》的哲学思想也从天人之际入手。《吕氏春秋》认为天地运动是一个循环往复的过程。《大乐》篇说：“浑浑沌沌，离则复合，合则复离，是谓天常。天地车轮，终则复始，极则复反，莫不咸当。”按照这种认识，《吕氏春秋》在其十二纪中构筑了一个庞大的天人合一的宇宙图式。它是以陈月令而言政令，实际上是一个年度政事活动的时间表，其中所体现的人法自然的思想非常明显。

《吕氏春秋》对人法天地的论证和对天人合一宇宙图式的绘制，无疑蕴含了大量唯物主义因素，但其中过多的牵强拼凑使它没有也不可能真正把握天人关系，揭示出历史运动的规律。它将社会历史视为只是依照自然界的四季更替而相应变

① 《有始览·应同》。

化，四季更替年复一年地循环，人类历史也是年复一年地重复着向前延续。这种解释显然过于简单。为使人们重视其说法，《吕氏春秋》还以灾异之说来警示人们要重视法天地，如说孟春不可行夏令、秋令和冬令：行夏令，“则风雨不时”；行秋令，“则民大疫”；行冬令，则“霜雪大挚”。依此类推，凡违背时令，天必会显现各种灾异。这种灾异之说包含了一些合理的因素，但将其规律化就有些牵强附会之嫌。

除十二纪中的循环往复外，《吕氏春秋》中还有一种关于历史变化的解释也是十分引人注目的，《有始览》的《应同》篇以五德转移解释历史变化，其云：

> 凡帝王者之将兴也，天必先见祥乎下民。黄帝之时，天先见大螾大蝼。黄帝曰：“土气胜。”土气胜，故其色尚黄，其事则土。及禹之时，天先见草木秋冬不杀。禹曰：“木气胜。”木气胜，故其色尚青，其事则木。及汤之时，天先见金刃生于水。汤曰：“金气胜。”金气胜，故其色尚白，其事则金。及文王之时，天先见火，赤乌衔丹书集于周社。文王曰：“火气胜。”火气胜，故其色尚赤，其事则火。代火者必将水，天且先见水气胜。水气胜，故其色尚黑，其事则水。水气至而不知数备，将徙于土。

这一套学说源自以邹衍为代表的阴阳家。阴阳家认为，五行按一定的顺序相生相克。从以上引文来看，朝代的顺序，也是和五行的自然顺序一致的。以土德王的黄帝，为以木德王的夏朝所克；以木德王的夏朝，为以金德王的商朝所克；以金德王的商朝，为以火德王的周朝所克；以火德王的周朝，将为以水德王的朝代所克；以水德王的朝代，又将为以土德王的朝代所克。如此完成了这个循环。《吕氏春秋》所描述的这些德运循环是否确实存在尚无法确定，但在秦以后，我们可以找到确凿的证据来证明这个理论的巨大影响。公元前221年，秦始皇统一中国，建立秦朝。他“推终始五德之传，以为周得火德。秦代周德，从所不胜，方今水德之始”，其色尚黑，其事则水，将黄河改名“德水”，“以为水德之始。刚毅戾深，事皆决于法，刻削无仁恩和义，然后合五德之数”。[①] 正由于刻削少恩，秦朝为时不久，为汉朝取代。汉朝皇帝也相信皇帝是承五德转移之运而王，但是汉朝究竟以何德而王，颇有争论。有人说，汉朝取代秦朝，因此是以土德王。但是也有人说，秦朝太残暴，太短促，不能算是合法的朝代，所以汉朝实际上是替代周朝。双方都有祥瑞支持，这些祥瑞都可以加以不同的解释。最后，在公元前104年，汉武帝决定正式宣布汉以土德王。即使如此，后来仍有意见分歧。汉朝以后，人们不大注意这个问题了，但是一直到辛亥革命取消帝制为止，皇帝的正式头衔仍然是“奉天承运皇帝”。所谓“承运”，就是承五德转移之运。[②]

《吕氏春秋》参照自然运行的规律来寻找人类社会发展的规律，它看到了人类社会是一个不断产生矛盾、又不断解决矛盾的运动变化的过程，这是合理的。其不足之处在于它忽略了人类社会发展的特殊性，规定出月令及五德终始等循环性的法则，其设计严密而完整，以致后人会刻意去制造一系列的符瑞去附和这套法则，乃至于将其视为一种定律，使附和这套法则成为封建皇朝为自己正名的必由之路，这种附和的结果是使人们在发现人类社会的真正发展规则的道路上停滞不前。值得注意的是，这种循环论至今还在一定程度上影响着我们的思维，

① 《史记·秦始皇本纪》。

② 冯友兰：《中国哲学简史》，第119—120页，北京大学出版社，1996年。

今天我们认为人类社会是一种螺旋上升式的发展，在很多时候，螺旋会让人产生重复循环的错觉，这是我们必须要区别的概念。

第二节 《吕氏春秋》的辩证思想

《吕氏春秋》具有丰富的辩证思想。如《决胜》篇说“夫众之为福也大，其为祸也亦大”，这是看到了祸福相倚的辩证；《荡兵》篇说“夫兵不可偃也，譬之若水火然，善用之则为福，不能用之则为祸”，这也是明显的辩证思想；《异用》篇用辩证思想来看待历史上的治乱兴衰，它说：“万物不同，而用之于人异也，此治乱存亡死生之原。故国广巨，兵强富，未必安也；尊贵高大，未必显也；在于用之。桀、纣用其材而成其亡，汤、武用其材而成其王。”意思是同样的人力财富，由不同的人来支配使用，会产生截然不同的效果。这种能从正反两方面注重人事的做法，与当时仍十分流行的天命观相比，自然合理得多。

《长攻》篇还根据辩证思想来批判历史上的不实之评，其云：“若桀、纣不遇汤、武，未必亡也；桀、纣不亡，虽不肖，辱未至此。若使汤、武不遇桀、纣，未必王也；汤、武不王，虽贤，显未至于此。故人主有大功，不闻不肖。亡国之主不闻贤。”这是说，世人往往偏爱成功者，将所有的光环都尽量往他们身上加，而对失败者，却恰好相反，是将所有的污水都泼向他们，以此来证明他们该亡。《吕氏春秋》的这一认识，无疑在历史认识论上有重要的地位。

《似顺》篇中提出了看待事物应透过现象看本质的观点：“事多似倒而顺，多似顺而倒。有知顺之为倒、倒之为顺者，则可为言化矣。至长反短、至短反长，天之道也。”它举了荆庄王伐陈的例子：

荆庄王欲伐陈，使人视之。使者曰："陈不可伐也。"庄王曰："何故？"对曰："城郭高，沟洫深，蓄积多也。"宁国曰："陈可伐也。夫陈，小国也，而蓄积多，赋敛重也，则民怨上矣，则民力罢矣。兴兵伐之，陈可取也。"庄王听之，遂取陈焉。

这是说，楚庄王想攻打陈，派使者探得陈国的情况是城高沟深、积蓄又多，不能攻打。但大臣宁国经过分析认为陈是小国，积蓄多必定是过度使用民力的结果，既然民力已经疲劳，那么攻打它一定会成功。楚庄王听从宁国之言，果然得偿所愿。这个例子正说明，凡事不能只看表面，而应从其具体条件出发，经过分析，掌握其规律后，才可能得出正确的结论。《吕氏春秋》的这些看法，相当理智，甚至是超乎当时人的思维的，这可能也是其理论未被秦始皇采纳弘扬的原因之一。

然而也有人指责《吕氏春秋》在对历史事件的评价中有复古主义的倾向，理由是《长利》篇中有这样一段记载：

尧治天下，伯成子高立为诸侯。尧授舜，舜授禹，伯成子高辞诸侯而耕。禹往见之，则耕在野。禹趋就下风而问曰："尧理天下，吾子立为诸侯，今至于我而辞之，故何也？"伯成子高曰："当尧之时，未赏而民劝，未罚而民畏，民不知怨，不知悦，愉愉其如赤子。今赏罚甚数，而民争利且不服，德自此衰，利自此作，后世之乱自此始。夫子盍行乎，无虑吾农事。"协而耰，遂不顾。夫为诸侯，名显荣，实佚乐，继嗣皆得其泽，伯成子高不待问而知之，然而辞为诸侯者，以禁后世之乱也。

这段话，颇有今不如昔之嫌，因为伯成子高无论是在行动上还是在语言上，都表示了对前世的赞美和对当世的不满，而《吕氏春秋》对其言行却又表示赞同，这自然会引来一些非议，导致复古主义的帽子扣到它头上来，但事实完全不是这样。《吕氏春秋》引用这一事例的落脚点实际上是最后一句的“禁后世之乱”，这表明它的目的还是要为现实服务，引这段话的用意无非是劝导统治者把天下当作天下人的天下，不要那么贪婪、残暴，以防造成天下大乱。这实际上是试图借用古代的经验来弥补当时的不足。在我国，从孔子时代起，托古改制就已成为许多哲学家实现自己理想的一个重要途径。如孔子就“信而好古”，颜渊问他应当怎样治理国家，孔子回答说：“行夏之时，乘殷之辂，服周之冕，乐则《韶》《武》。放郑声，远佞人。郑声淫，佞人殆。”[①] 这里所提及的都是古代，但却并非提倡完全回复到某一个具体的上古之世，而是要采前朝各代之长而避其所短。这一扬一弃之间，一种新的理想体系便已生成，虽然它仍披着“古制”的外衣，但其整体内容却是前所未有的，所以，这种托古实际上是一种创新。《吕氏春秋》的“褒古”亦是如此，这种“古”其实是人们心目中的理想社会，只因它被冠以“先王之世”的名称，才被认为是“古”，因此，这种赞扬古代的做法的真正目的只是为了附和众人的理想心态，其最终目标仍在于改善现实社会，促进历史发展，这岂能称为“复古”呢？

综上所述，由于即将统一的政治背景呼唤适应新体制的统治理论，加之战国末期的学术氛围中有经世致用的传统，具有强烈务实精神的《吕氏春秋》迎合这些时代特点的需要，在对

---

① 《论语·卫灵公》。

历史人物及事件的评价中能高屋建瓴，从大处着眼，统观全局，因而其结论大都十分理智、客观，带有明显的辩证色彩，其实在是那个天命迷信思潮仍非常严重的时代里不可多得的一枝奇葩。

第三节 《吕氏春秋》的认识论思想

《吕氏春秋》的认识论思想比较丰富，而且自成体系。

首先，“物多类然而不然”。这是强调认识具有很强的复杂性。《别类》篇说：“物多类然而不然，故亡国戮民无已。夫草有莘有藟，独食之则杀人，合而食之则益寿。万堇不杀，漆淖水淖，合两淖则为蹇，湿之则为干。金柔锡柔，合两柔则为刚，燔之则为淖。或湿而干，或燔而淖，类固不必，可推知也？小方，大方之类也；小马，大马之类也；小智，非大智之类也。”这是说，有许多事物看起来十分相似，但其间却往往会存在本质的区别，在认识领域尤其如此。对此，《似顺》篇也曾指出“事多似倒而顺，多似顺而倒”；《精通》篇举例说：“人或谓兔丝无根。兔丝非无根也，其根不属也，伏苓是”。这是说，不仔细观察就不能发现事物的真相。对此，《任数》篇中举了一个生动的例子，其云：

> 孔子穷乎陈、蔡之间，藜羹不斟，七日不尝粒。昼寝。颜回索米，得而爨之，几熟，孔子望见颜回攫其甑中而食之。选间，食熟，谒孔子而进食。孔子佯为不见之。孔子起曰：“今者梦见先君，食洁而后馈。”颜回对曰：“不可。向者煤炱入甑中，弃食不祥，回攫而饭之。”孔子叹曰：“所信者目也，而目犹不可信；所恃者心也，而心犹不足恃。弟子记之：知人固不易矣。”故知非难也，孔

子之所以知人难也。

这段话是说，孔子曾一度被困于饥饿，颜回找人要到一些米，拿去煮饭，饭快熟时，孔子看到颜回从饭锅中抓饭吃，而且过了一会儿才告诉孔子说饭熟了，可以吃了。孔子吃饭时委婉地对此提出批评，颜回解释说事情并非像孔子所想象的那样，而是有灰落入饭中，又不能扔掉，所以自己才捡拾那块饭的。孔子由此深为感慨，说：我相信我的眼睛，但事实却证明自己的眼睛看到的并不真实；我相信自己的心灵，但我的心灵却不能作出完全正确的判断。所以，要想真正认识一个人或一件事实在是一件非常难的事。

其次，探寻本质，去除成见。这是认知中所必需的先决条件。《审己》篇说："凡物之然也，必有故。而不知其故，虽当，与不知同，其卒必困。"这是明确肯定事出必有因，认识的终极目的就是要知其故。《任数》将这一说法落实到认识的主体上，其说："凡耳之闻也藉于静，目之见也藉于昭，心之知也藉于理。"即是说，耳朵之所以会听见声音是因为四周是安静的，眼睛之所以能看到东西是因为有光照射，人心之所以能理解事物是因为有道理的存在。这几句话饱含辩证意味，它们也说明人对周围事物的感知是需要一定条件的。正因为这些条件的存在，人才可以实现对事物的认知。当然，认识是一个非常复杂的过程，除了事物本身以及作为认识主体的人两方面都需具备的一些条件外，人们还必须克服一些障碍，主要是要做到解蔽去囿。《别类》篇认为"物多类然而不然"，所以"类固不必可推知也"，这是要避免用僵化的思维去进行盲目推断。《必己》篇举庄周论木与雁的命运来说明规律的错综复杂：庄周从山里经过，伐木者因一树过于高大无所可用而不伐它；而当他去朋友家做客时，主人要杀雁款待他，所杀之雁却是不能鸣叫的。于是有人问庄子，树以不材得活，雁却以不材而死，同为不材，为什么却是两种截然不同的命运。这就表明不同的事物有不同的规律，要准确认识这些规律，就必须审慎对待每一个不同的事物，而不能以成见生搬硬套。这即是去除偏见之意，《疑似》说："使人大迷惑者，必物之相似也"；从主观方面来讲，即是人为自己的成见所蒙蔽。《去尤》篇说：

> 世之听者，多有所尤。多有所尤，则听必悖矣。所以尤者多故，其要必因人所喜，与因人所恶。东面望者不见西墙，南乡视者不睹北方，意有所在也。人有亡铁者，意其邻之子。视其行步，窃铁也；颜色，窃铁也；言语，窃铁也；动作态度，无为而不窃铁也。相其谷而得其铁，他日，复见其邻之子，动作态度，无似窃铁者。其邻之子非变也，己则变矣。变也者无他，有所尤也。

这个例子表明：人一旦被自己的成见所蒙蔽，就会影响到自己对事物的认知，即会努力将事物按自己的想象去理解，这样当然难以得出正确的结论。所以要想获得正确的认识，就必须挥去笼罩在事物表面的干扰因素，抛开主观上的成见，努力去发现事物的本质。

再次，排斥淫辞，循名责实。这是反对用诡辩来干扰人们的认识。战国时期，名家学派的兴起使诡辩逐渐兴盛起来，《离谓》篇所记富人赎尸之事便是这样的例子，其云：

> 洧水甚大，郑之富人有溺者，人得其死者。富人请赎之，其人求金甚多。以告邓析，邓析曰："安之。人必莫之卖矣。"得死者患之，以告邓析，邓析又答之曰："安之。此必无所更买矣。"

这是说有富人家淹死了一个人，别人找到了尸体，富人欲赎回尸体，得尸者欲卖掉尸体，但双方却因价钱问题争执不下，两人都去请教邓析。邓析告诉富人不用着急，因为得尸者不可能将尸体卖给别人；同时他又告诉得尸者不用着急，因为买主不可能从别家去买。这样的辩论，除了给双方都造成麻烦外没有任何实际意义，所以《吕氏春秋》对这种诡辩是极力反对的。在此基础上，它还提出要循名责实。《审应》篇说："以其言为之名，取其实以责其名，则说者不敢妄言，而人主之所执其要矣。"《审分》也说："正名审分，是治之辔已。故按其实而审其名，以求其情；听其言而察其类，无使方悖。夫名多不当其实，而事多不当其用者，故人主不可以不审名分也。不审名分，是恶壅而愈塞也。"这些都是强调正名审分的重要性。这种思想直接影响到了《吕氏春秋》的言意说观。《离谓》篇认为："言者以谕意也，言意相离，凶也。乱国之俗，甚多流言，而不顾其实。务以相毁，务以相誉，毁誉成党，众口熏天，贤不肖不分。以此治国，贤主扰惑之也，又况乎不肖者乎？"《淫辞》篇则提倡"言不欺心"，作者立足于治国的实用目的，着眼点在于是否"言不欺心""言意相符"，落实到最后，还是要循名责实。

以上是从天人观、辩证思想及认识论三个方面对《吕氏春秋》的哲学思想所作的一些简略的分析。《吕氏春秋》一书杂采诸子百家之精华而成，其中的思想素材十分丰富，要想将其一一触及实在是一件相当困难的事情，所以这里也只是就其中比较典型的看法理出一条思路，其中更丰富的内容还有待进一步缕析研究。

第七章

《吕氏春秋》的历史思想

《吕氏春秋》一书为秦相吕不韦集其门客所作，自从《汉书·艺文志》将其著录于诸子以来，一直被视为子部杂家类著作，然而就其本旨及内容而言，它与“史”有密切的联系。其书《序意》篇述其编纂意图为“凡十二纪者，所以纪治乱存亡也”。“纪治乱存亡”是先秦史书如《春秋》《左传》等的重要内容，对后世史学有深远的影响。冯友兰《吕氏春秋集释·序》说：“然此书不名曰《吕子》，而名曰《吕氏春秋》，盖文信侯本自以其书为史也。”可见，无论是在编纂意图及内容上，还是在后代学人眼中，《吕氏春秋》都接近于一部历史著作。司马迁称其“上观尚古，删拾春秋”①，正揭示出其书明确的历史意识。总体看来，《吕氏春秋》不仅广泛涉及史事，而且对之提出许多看法，具有丰富的历史思想。

第一节　对历史进程的初步认识

先秦时期，人们对于历史进程的认识在很大程度上长期被浓厚的天命观念所笼罩。至战国末年，科学技术的发展开阔了人们的眼界，揭示出许多自然现象发生的真实原因，进一步破

① 《史记·十二诸侯年表·序》。

除了人们对“天命”“神意”的迷信。在这种时代氛围下，思想领域分外活跃，人们力图从天命的包裹中剥离出来，将现实社会的政治和人生作为关注的中心。受此影响，《吕氏春秋》在天人关系上认为天和人是相辅相成的，它谈及“天”时，常常是天人并举。如《本生》篇云：“始生之者，天也；养成之者，人也。”《情欲》篇云：“人与天地也同，万物之形虽异，其情一体也。”《大乐》篇云：“始生人者天也，人无事焉。”《荡兵》篇云：“性者所受于天也，非人力所能为也。”《有始》篇云：“天地万物，一人之身也，此之谓大同。”《慎人》篇云：“功名大立，天也；为是故，因不慎其人不可。”

在它看来，“天”已从无所不能的主宰者的位置上跌落下来，变成了与“人”齐平的影响历史进程的因素，它已失去了神秘的外衣，而几乎完全成为“自然”的代名词。与之相对，“人”的地位大大提高，人与天的关系由单向的“受命于天”变为“天人相成”。这与《荀子·天论》中“天行有常，不为尧存，不为桀亡，应之以治则吉，应之以乱则凶”的结论有相通之处。

基于这种观念，《吕氏春秋》对历史进程的认识也具有了朴素的唯物色彩。历史是人类社会发展的记录，有了人，历史才应运而生。那么人及人类社会如何产生、历史如何开始呢？《吕氏春秋》的回答是“始生人者，天也”，即人是大自然的产物。人产生后，“凡人之性，爪牙不足以自卫，肌肤不足以捍寒暑，筋骨不足以从利避害，勇敢不足以却猛禁悍，然且犹裁万物，制禽兽，服狡虫，寒暑燥湿弗能害，不唯先有其备，而以群聚也。群之可聚也，相与利之也”。[①] 凶恶势力的侵害和自然环境的威胁迫使人以群聚，群聚便形成社会。所以，社会

① 《吕氏春秋·恃君》。

的出现，不是上帝的安排，而是人类生存的必需。

就社会本身来说，它是不断发展变化的。《察今》篇说："昔太古尝无君矣，其民聚生群处，知母不知父，无亲戚、兄弟、夫妻、男女之别，无上下、长幼之道，无进退揖让之礼，无衣服、履带、宫室、畜积之便，无器械、舟车、城郭、险阻之备，此无君之患。"这段描述显然认为古代社会不如当代，"太古"的人民不懂礼义，衣食无依，不会利用外物来给自己造成便利，而当代却不存在这些问题，正说明社会是不断发展的。

既然社会有"太古"和今世的区别，那么古与今的关系如何呢？《长见》篇认为："今之于古也，犹古之于后世也。今之于后世，亦犹今之于古也。故审知今则可知古，知古则可知后，古今前后一也。"这表明它已认识到社会历史是由古、今和后世（将来）三个彼此联系的部分构成的。审察当代，可以知道历史，知道历史则可以推知后世。这种认识体现了明确的、完整的历史意识。与吕不韦同时代的韩非，一般被公认为是战国时期历史思想的最高代表，如《韩非子·五蠹》篇，将历史划分为上古、中世（中古、近古）与当今这几个阶段。换言之，韩非对历史的认识只在于已经和正在发生的阶段，而《吕氏春秋》连即将发生的阶段也纳入考虑之中，这无疑是一个进步。就此而言，《吕氏春秋》确实不仅吸取了诸子之长，而且对其有所发展。

认识到古今前后之间可以相互推知后，《吕氏春秋》表现出明确的历史借鉴意识。《序意》篇述其编纂意图为："凡十二纪者，所以纪治乱存亡也，所以知寿夭吉凶也。"借"纪治乱存亡"以"知寿夭吉凶"，不正是一种明确的历史借鉴思想吗？观其行文，"尝试观于上志""尝试观上古记"之类说法绝非仅见，正是对其意图的贯彻。

因为注重借鉴历史，《吕氏春秋》把治乱兴衰定为历史的主要内容。它立足现实，追溯逝去之史实，古为今用，融历史与现实为一体。《观世》篇论道：“主贤世治，则贤者在上；主不肖世乱，则贤者在下。今周室既灭，天子既废。乱莫大于无天子，无天子则强者胜弱，众者胜寡，以兵相铲，不得休息，而佞进，今之世当之矣。”这是从周灭亡后的历史事实说明：结束战国时代，建立大一统的政权，已经是长利天下的迫切要求。这可以看作是《吕氏春秋》对历史的预见。

《吕氏春秋》既重视历史经验，又反对盲目照搬先王成法，它认为历史是不断变化发展的。《察今》篇说：“凡先王之法，有要于时也，时不与法俱至。”先王之“时”与当今之“时”已大不相同，所以它提出了“世易时移，变法宜矣”的主张，宣称“因时变法者，贤主也。是故天下七十一圣，其法皆不同，非务相反也，时势异也”。它还反诘道：“时已徙矣，而法不徙，以此为治，岂不难哉？”由此可见，《吕氏春秋》总结过去，更多的是着眼于规划未来，这是其历史思想的一个重要内容。

第二节　对历史发展动因的认识

社会历史是不断发展的，那么其动力何在？对此，《吕氏春秋》也有一番见解。《荡兵》篇讲：

> 兵所自来者久矣，黄、炎用水火矣，共工氏固次作难矣，五帝固相与征矣。递兴废，胜者用事。人曰“蚩尤作兵”，蚩尤非作兵也，利其械矣。未有蚩尤之时，民固剥林木以战矣，胜者为长。长则犹不足治之，故立君。君又不足以治之，故立天子。天子之立也出于君，君之立也出

于长，长之立也出于争。争斗之所自来者久已，不可禁，不可止，故古之贤王有义兵而无有偃兵。

这段话表明，《吕氏春秋》认为社会的发展经历了立长、立君、立天子三个不同的阶段，而促使这些阶段形成的原因是“争斗”。战国时期群雄争霸、烽火连年，所谓“争地以战，杀人盈野；争城以战，杀人盈城”[①]，正是对这一历史阶段的真实描述。《吕氏春秋》从总结历史中得到启示，因而提出了这种看法。当时的荀子也讲“争”，《荀子·王制》篇说：“人之生不能无群，群而无分则争，争则乱，乱则离，离则弱，弱则不能胜物。”他认识到了“争”在社会发展中具有举足轻重的作用，却并未像《吕氏春秋》那样将二者之间的关系明确地归纳出来。

由于把社会发展的动因归结于“争”，所以《吕氏春秋》进一步肯定了人在历史发展中的作用。具体来说，它认为社会的进步同君主、臣子、民众都有关系，而三者在推动历史进程中的作用是不同的：

——君主处于主导地位。《吕氏春秋》对君主政治极为推崇。《先己》篇说：“昔者先圣王，成其身而天下成，治其身而天下治。”《劝学》篇称：“圣人之所在，则天下理焉。”《为欲》篇说：“故古之圣王，审顺其天而以行欲，则民无不令矣，功无不立矣。圣王执一，四夷皆至者，其此之谓也。”这些论述都表现了“治身与治国一理”的观念，这种观念将国家存亡系乎君主一人之身，认为社会治乱兴衰的关键就在于君主的所作所为。

《恃君》篇则叙述了无君之害，指出：无君之国，“其民麋

① 《孟子·离娄》。

鹿禽兽，少者使长，长者畏壮，有力者贤，暴傲者尊，日夜相残，无时休息，以尽其类。圣人深见此患也，故为天下长虑，莫如置天子也；为一国长虑，莫如置君也。置君非以阿君也，置天子非以阿天子也，置官长非以阿官长也。德衰世乱，然后天子利天下，国君利国，官长利官，此国所以递兴递废也，乱难之所以时作也”。《谨听》篇也说：“乱莫大于无天子，无天子则强者胜弱，众者暴寡，以兵相残，不得休息，今之世当之矣。”在《吕氏春秋》看来，君主若肯顺天修身，就可令民、立功；反之，若君主利用权力谋求私利，就会给国家、社会造成衰弱和停滞。在《先己》篇中，它引用了《诗经》中之“淑人君子，其仪不忒。其仪不忒，正是四国”来对君主的作用作极限发挥，说君主只要通过修身就可以使天下达到大治。这种评价对君主在社会发展中的作用自是夸大其词，但却是当时社会走向大一统的客观形势下思想领域的必然产物。

——臣子的作用十分重要。《吕氏春秋》虽强调君主在历史发展中的主导地位，但它的另一个同样鲜明的观点是：“天下非一人之天下也，天下之天下也。”[①] 《吕氏春秋》的作者，即吕不韦及其门客，在政治地位上属于“臣”，出于自身利益的考虑，他们在书中大力宣扬臣子对社会发展的重要作用，认为臣是联系君和民的纽带。《先识》篇称：“地从于城，城从于民，民从于贤。故贤主得贤者而民得，民得而城得，城得而地得。”获得土地和城池要靠民，而得民却要靠贤者。这样，贤者便成了统治者统治被统治者的中介。《达郁》篇从反面对此作了更为详细的论述，其云：“国亦有郁。主德不通，民欲不达，此国之郁也。国郁处久，则百恶并起，而万灾丛至矣。上下之相忍也，由此出矣。故圣王之贵豪士与忠臣也，为其敢直

① 《吕氏春秋·贵公》。

言而决郁塞也。”这显然已将贤者与国家的兴废存续问题联系起来，足见其对国家发展作用之大。

既然直接与被统治者（民）接触的是臣，则《吕氏春秋》很自然地提出了“君无为而臣有为”的主张。《圜道》篇说：“贤主之立官，有似于此。百官各处其职、治其事以待主，主无不安矣。以此治国，国无不利矣；以此备患，患无由至矣。”《任数》篇讲：“古之王者，其所为少，其所因多。因者，君术也；为者，臣道也。为则扰矣，因则静矣。因冬为寒，因夏为暑，君奚事哉？故曰君道无知无为，而贤于有知有为，则得之矣。”在《吕氏春秋》看来，君主的作用固然重要，但他最终只能停留在局外统揽的层面，至于真正作决定，作出具体行动，则应由臣负责，所以臣对历史进程的影响十分巨大。《求人》篇总结说：“得贤人，国无不安，名无不荣；失贤人，国无不危，名无不辱。”这就肯定了臣对社会发展进程的不可忽视的作用。

——“民心”“民欲”是影响社会治乱盛衰的重要因素。《吕氏春秋》将君主和贤臣视为推动历史发展的主要力量，但它并未否定民众的作用，相反，它还多次强调君主作决定应以顺应民心为前提。《功名》篇说：“欲为天子，民之所走，不可不察。”《用众》篇言：“凡君之所以立，出乎众也。立已定而舍其众，是得其末而失其本。得其末而失其本，不闻安居。”《贵因》篇举例说：“舜一徙成邑，再徙成都，三徙成国，而尧授之禅位，因人之心也。汤、武以千乘制夏、商，因民之欲也。”《顺民》篇则得出结论：“先王先顺民心，故功名成。夫以德得民心以立大功名者，上世多有之矣。失民心而立功名者，未之曾有也。……故凡举事，必先审民心，然后可举。”这些论述都表明《吕氏春秋》并不曾忽视民众的力量。它一再提醒君主不能任意行事，如《行论》中就说：“执民之命，重任也，不得以快志为故（事）。”在《达郁》篇有：“国亦有郁。主德不通，民欲不达，此国之郁也。”这是提倡君主要经常保持与民的关系，做到上德下喻、下情上达，因为君主的主导作用只有依靠群众的力量才能实现，否则只能一事无成。

应当指出的是，《吕氏春秋》虽然肯定了人民对国家兴亡的走向会产生巨大影响，但其始终是否定人民推动历史发展的主动性的，即它眼中的“民”只是一种会对国家命运产生重大影响的客观因素，是与天时、地利一样的不可违抗的力量，故而君主对此要因循不悖。《吕氏春秋》并未认识到民众对历史的主动创造作用，它认为“听群众人议以治国，国危无日矣”①。所以它仅仅是从替即将君临天下的天子寻找巩固统治的方略的愿望出发，认识到了民众对历史进程的不可逆转的客观作用罢了。

与此同时，《吕氏春秋》还从天道循环中受到启示，对君、臣、民共同努力促使历史发展的方式进行了探索。《圜道》篇探讨了君与臣在国家发展中的关系，其云：“天道圜，地道方，圣王法之，所以立上下。……主执圜，臣处方，方圜不易，其国乃昌。”《务本》篇则将讨论的范围扩大到君、臣、民三者之间，其结论为：“安危荣辱之本在于主，主之本在于宗庙，宗庙之本在于民，民之治乱在于有司。”这段话是说：君主对社会发展起主导作用，但君主的决定应依照民心走向来决定；民心走向会受到有司（大臣）的趋动疏导的影响，但有司最终却还是要听命于君主的。可见，《吕氏春秋》的历史动力观实际上是一种循环论，即认为历史发展是在君、臣、民三者相互促动又相互牵制的循环机制的推动下进行的。这种观点虽未摆对君、臣、民三者在历史发展中的正确位置，但它能肯定历史发

① 《吕氏春秋·不二》。

展是一种由人的相互作用构成的机制，这与此前的天命史观及单一的英雄史观相比，无疑是一个进步。

第三节 关于历史演进的法则

《吕氏春秋》的一些论述还显示出揭示历史演进法则的倾向。它一贯主张“法天地”，并根据自然运动中“物动则萌，萌而生，生而长，长而大，大而成，成乃衰，衰乃杀，杀乃藏，圜道也”① 的过程及“天地车轮，终则复始，极则复反，莫不咸当”② 的认识，对人类社会历史的发展进行了相应的探索，同时，它吸收了邹衍的学说，形成“五德终始”的历史循环论观点。《应同》篇对此有集中的论述：

> 凡帝王者之将兴也，天必先见祥乎下民。黄帝之时，天先见大螾大蝼。黄帝曰：“土气胜。”土气胜，故其色尚黄，其事则土。及禹之时，天先见草木秋冬不杀。禹曰：“木气胜。”木气胜，故其色尚青，其事则木。及汤之时，天先见金刃生于水。汤曰：“金气胜。”金气胜，故其色尚白，其事则金。及文王之时，天先见火，赤乌衔丹书集于周社。文王曰：“火气胜。”火气胜，故其色尚赤，其事则火。代火者必将水，天且先见水气胜。水气胜，故其色尚黑，其事则水。水气至而不知数备，将徙于土。

这就是说，每个帝王要开创新业之前，上天必定会向人间显示祥瑞。黄帝时天显现大蚯蚓、大蝼蛄，这是土气旺盛的表

---

① 《吕氏春秋·圜道》。

② 《吕氏春秋·恃君》。

示；同样，禹时显现草木秋冬不凋，汤时显现金属兵器在火中，文王时显现红色鸟衔着丹书停留在社庙上，这些分别是木气、金气、火气旺盛的表示。它还进一步预测，代替火的必将是水，天会显现水气旺盛，并指出，火德已尽、水德已至，是统一中国的大好时机；但如果君主不好好把握，水德就会为土德所代。这显然是在为秦国的向外发展制造历史根据。

《吕氏春秋》的五德循环史观是唯心的，它不可能跳出五德循环的窠臼，按其所说，依此推断下去，人类社会只能永远处于王朝更迭的君主专制范围内，可见其最终的落脚点仍在君主政治上。但就其内容来说，也有值得注意之处。首先，它肯定了历史的演进，并认识到这种演进是有法则可循的。这一点除了在以上《应同》篇引文中清晰可见外，《察今》篇亦有所表述："凡先王之法，有要于时也，时不与法俱至。法虽今而在，犹若不可法。故择先王之成法，而法其所以为法。""有要于时"是说历史不断运动，而"其所以为法"便是它所找到的贯通古今的"规律"。这种观点不仅肯定了历史运行有法则可循，而且明确提出对法则的应用要与时俱变，可见当时人们对规律的认识及应用已有一定的积累。其次，《应同》篇虽采用了邹衍的学说，但却将此学说改造为气的学说，并在论述五德终始之后，用"天为者时"等语，说明它所讲的并不全是神秘主义的"怪迂之变"，或者至少可以认为它是在邹衍的五德终始说中加入了一些较具体的概念，从而减轻了该学说的神秘程度。再次，在后来的历史发展中，这一理论还在相当长的时间内成为人们认识社会发展的重要理论。《史记·秦始皇本纪》说："始皇推终始五德之传，以周德为火德，秦代周德，从所不胜。方今水德之始，改年始，朝贺皆自十月朔。"这显然是受了五德终始说的影响。汉代董仲舒吸收利用这种理论，形成天人感应学说，成为封建思想的重要内涵。直到近代，皇帝所发的诏书上还有“奉天承运”之类的字样，其渊源亦不外于此。

作为一种“揆天、验地、审人”的历史思想，《吕氏春秋》的这一历史循环论超越了孔子的经验堆积式的春秋笔法，使中国史学在总结规律的理论层面上又向前迈进了一步，为后人开拓了更广阔的研究思路。

第四节　关于历史评价的原则

《汉书·艺文志·杂家类·序》中说：“杂家者流，盖出于议官。兼儒、墨，合名、法，知国体之有此，见王治之无不贯。”出于议官，则其中评析议论的内容自然不少。作为杂家代表作的《吕氏春秋》，正体现了这一特点，其中所举人物及史事，多是为一定的理论充当论据的，因而记述之后大都有分析评价，为研究其历史评价原则提供了丰富的资料。

关于其评论历史的原则，《吕氏春秋》高诱序称：“然此书所尚，以道德为标的，以天地为纲纪，以忠义为品式，以公方为检格。”由此可见，其书追求务实和公正，崇尚公允和客观。清人卢文弨说：“而其书时寓规讽之旨，求其一言近于揣合而无有，此则风俗人心之古，可以明示天下后世而不怍者也。”①他也同样认定《吕氏春秋》立论态度严肃。从《吕氏春秋》的内容来看，由于此书编写的初衷在于针对现实社会提出切实可行的政治统治理论，故而其对历史人物及事件的评价，大多能从事实出发，究根问底，发前人所未发。

① 卢文弨：《书吕氏春秋后》，转引自牟钟鉴：《〈吕氏春秋〉及〈淮南子〉思想研究》，第 127 页，齐鲁书社，1987 年。

评论历史人物的原则

在对历史人物的评价上，《吕氏春秋》提出以保持心境平和、去除主观上的蒙蔽为前提。《去宥》篇说："夫人有所宥者，固以昼为昏，以白为黑，以尧为桀，宥之为败亦大矣。亡国之主，其皆甚有所宥邪？故凡人必别宥然后知，别宥则能全其天矣。"这是说，人在主观上如果被成见所局限，就会把白天当成夜晚、把圣王看成暴君，所以，人们必须去除主观上的蒙蔽，才能认清真相、了解全貌。

基于上述原则，《吕氏春秋》对人物的评价一般不怀成见，既不因为众口誉之而将其奉若神明，也不因为众口毁之而对其视如草芥，对至贤至圣，不掩饰其缺点，对至奸至恶，不忽视其可取之处。如尧、舜、禹、汤及春秋五霸是当时人所广为称道的圣君明主，《吕氏春秋》对其却并不一味奉承。《举难》篇说："以全举人固难，物之情也。人伤尧以不慈之名，舜以卑父之号，禹以贪位之意，汤、武以放弑之谋，五伯（霸）以侵夺之事。由此观之，物岂可全哉！"对历史人物不求全责备，这正是《吕氏春秋》人物观的特点。同样，对桀、纣等暴君，它也不彻底否定。《用众》篇说："虽桀、纣犹有可畏可取者，而况于贤者乎？"高诱注云："桀作瓦，纣作胡粉，今人业之，尚可取之一隅。"这里的胡粉按《释名·释首饰》中解释为："胡粉，胡，餬也，脂和以涂面也。"纣发明胡粉到底是为善心济民还是满足奢欲我们姑且不论，总之，《吕氏春秋》不因纣恶贯满盈而将其彻底否定，而能以宽广的胸怀去发现他的可取之处，这在十分注重观点鲜明的百家争鸣的大背景下显得分外难能可贵，它与儒家的"言必称尧舜"的做法相比，可谓多了几分公允。

尤其难得的是，在评论本朝人物时，《吕氏春秋》不迎合最高统治者的口味，不回避、不掩饰，能据理论断。这突出表现在其书对秦国国君的批评上，如对于秦穆公，《悔过》篇直接批评他“知（智）不至也”，说他目光短浅，没有远见。《去宥》篇更是直斥秦惠王老朽昏聩，说：“人之老也，形益衰而智益盛。今惠王之老也，形与智皆衰邪?”这里直呼其名、直引其事、直刺其短，没有丝毫避讳。其书最引人注目的是对时君世主的批评。《振乱》篇明显地表示了对列国纷争、生民涂炭的不满，说：“当今之世，浊甚矣，黔首之苦，不可以加矣。天子既绝，贤者废伏，世主恣行，与民相离，黔首无所告诉。世有贤主秀士，宜察此论也，则其兵为义矣。”这里甚至公然鼓励贤主秀士发起义兵赶走恣行之主，显示出作者过人的胆识。

除此之外，《吕氏春秋·论人》篇中还提出了品评人物的方法，它称之为“八观六验”，即：“凡论人，通则观其所礼，贵则观其所进，富则观其所养，听则观其所行，止则观其所好，习则观其所言，穷则观其所不受，贱则观其所不为，喜之以验其守，乐之以验其僻，怒之以验其节，惧之以验其特，哀之以验其人，苦之以验其志，八观六验，此贤主之所以论人也。”这些方法也是极为全面的：对通达富贵的人要从不同方面去观察，对穷苦贫贱者亦应按不同情况选择不同侧面进行观察；不仅要观察，而且还要有意制造一些喜、乐、怒、惧、哀、苦的环境来进一步认识此人所不曾显露的深层特征。识别人如此，评价一个人自然也不会缺少其中的哪一方面，观察角度多了，所得的结论也就越接近客观事实。这也许正是《吕氏春秋》评价人物比较客观公正的重要原因。

史事评论的原则

除评价历史人物外，《吕氏春秋》对历史事件也有诸多评论。在这方面，它有许多方法论上的创建，显示出了朴素的辩证观点和探求事物本质的愿望。如《荡兵》篇云：“夫兵不可偃也，譬之若水火然，善用之则为福，不能用之则为祸。”这种福祸相倚的思想正是明显的辩证思想。《长攻》篇还据此来批判历史上的不实之评，其云：“若桀、纣不遇汤、武，未必亡也；桀、纣不亡，虽不肖，辱未至此。若使汤、武不遇桀、纣，未必王也；汤、武不王，虽贤，显未至于此。故人主有大功，不闻不肖。亡国之主不闻贤。”这是说，世人往往偏爱成功者，将所有的光环都加在他们身上，而对失败者，却恰好相反，是将所有的污水都泼向他们，以此来证明他们该亡，这显然是不合情理的。这一认识，在历史认识论上有重要价值。又如《似顺》篇中提出：“事多似倒而顺，多似顺而倒”，所以，“有知顺之为倒、倒之为顺者，则可为言化矣。至长反短，至短反长，天之道也”。它举了荆庄王伐陈的例子：

> 荆庄王欲伐陈，使人视之。使者曰：“陈不可伐也。”庄王曰：“何故？”对曰：“城郭高，沟洫深，蓄积多也。”宁国曰：“陈可伐也。夫陈，小国也，而蓄积多，赋敛重也，则民怨上矣；则民力罢矣。兴兵伐之，陈可取也。”庄王听之，遂取陈焉。

这个例子正说明，凡事不能只看表面，而应从其具体条件出发，经过分析认识其本质后，才可能得出正确的结论，闪现理性之光。

然而，也有人指责《吕氏春秋》在对历史事件的评价中有复古主义的倾向，理由是《长利》篇中有这样一段记载：

> 尧治天下，伯成子高立为诸侯。尧授舜，舜授禹，伯成子高辞诸侯而耕。禹往见之，则耕在野。禹趋就下风而问曰：“尧理天下，吾子立为诸侯，今至于我而辞之，故

何也？”伯成子高曰：“当尧之时，未赏而民劝，未罚而民畏，民不知怨，不知悦，愉愉其如赤子。今赏罚甚数，而民争利且不服，德自此衰，利自此作，后世之乱自此始。夫子盍行乎，无虑吾农事。”协而耰，遂不顾。夫为诸侯，名显荣，实佚乐，继嗣皆得其泽，伯成子高不待问而知之，然而辞为诸侯者，以禁后世之乱也。

这段话，颇有今不如昔之嫌，因为伯成子高无论是在行动还是在语言上，都显示了对前世的赞美和对当世的不满，而《吕氏春秋》对其言行却又表示赞同。这看似有复古的倾向，但事实并非如此。吴怀祺先生在《中国史学思想史》中讲道：“研究诸子历史观点时，当知其言，还要知其所以言，弄清他们的真实理念。如关于‘先王’的观点，不能一看见赞美先王的言辞，就断定是一种复古的倒退的思想。”[①]《吕氏春秋》引用上述事例的落脚点实际上在于最后一句的“禁后世之乱”，它的目的是要为现实服务，其用意无非是劝导统治者把天下当作天下人的天下，不要那么贪婪、残暴，以防造成天下大乱。它实际上是希图借用古代的经验来弥补当今的不足。在我国古代，从孔子起，许多哲学家都把这个方法作为实现自己理想的一个重要途径。如孔子就“信而好古”，颜渊问他应当怎样治理国家，孔子回答说：“行夏之时，乘殷之辂，服周之冕，乐则《韶》《武》。放郑声，远佞人。郑声淫，佞人殆。”[②]这里所提及的都是古代，但却并非提倡完全回复到某一个具体的上古之世，而是要采前朝各代之长而避其所短。这一扬一弃之间，一种新的理想体系便已生成，虽然它仍披着“古制”的外衣，

① 吴怀祺：《中国史学思想史》，第41页，安徽人民出版社，1996年。

② 《论语·卫灵公》。

但其整体内容却是前所未有的，所以，这种托古实际上是一种创新。《吕氏春秋》的“褒古”亦是如此，这种“古”其实是人们心目中的理想社会，只因它被冠以“先王之世”的名称，才被认为是“古”，因此，这种赞扬古代的做法的真正目的只是为了附和众人的理想心态，其最终目标仍在于改善现实社会，促进历史发展。

总而言之，《吕氏春秋》对历史进程的认识比较接近实际，它肯定了历史是自然发展变化的产物，是不断进步的，历史发展的根本动力在人而非天命，历史的发展是有法则可循的；同时指出对历史的评价应摈除成见，要全面地看问题等等。当然，由于时代的局限，《吕氏春秋》的历史思想中还是有些违背历史事实的观念，如《当务》篇将民间起义领袖跖称为“盗”，并对其言论不屑一闻，这主要是因为以跖为首的起义者触犯了《吕氏春秋》所代表的统治阶级的根本利益。然而，类似这种情况在此书中毕竟是极少数，总的看来，《吕氏春秋》的历史思想中还是以积极成分居多。

第八章

《吕氏春秋》的教育与管理思想

台湾学者田凤台在其所著《吕氏春秋探微》一书中将吕书的主要内容概括为管、教、养、卫四个部分，可见教育与管理思想在《吕氏春秋》中所占分量之重。《吕氏春秋》的教育思想主要分析了教育主体、教育内容、教育方式三个方面的问题。其管理思想则论及正名审分、因人之欲、赏罚有当、本于治人等管理方法。

第一节　《吕氏春秋》的教育思想

《吕氏春秋》“总晚周诸子之精英，荟先秦百家之眇义”[①]，上自天文，下至地理，纵通古今，无所不包，靡所不揽，堪称是我国最早的一部百科全书式的著作。在其《序意》篇中有“文信侯曰：尝得学黄帝之所以诲颛顼矣，爰有大圜在上，大矩在下，汝能法之，为民父母。盖闻古之清世，是法天地”之语，意谓吕不韦编著此书，目的在于效法黄帝教导颛顼，借以训导秦王政，因此《吕氏春秋》也被称为“百科全书式的宫廷教科书”[②]，专供吕不韦教导训育秦王嬴政之用。这种提法或

① 许维遹：《吕氏春秋集释·自序》。

② 卢鹰：《〈吕氏春秋〉：百科全书式的宫廷教科书》。

许值得商榷，但从中我们至少可以看出《吕氏春秋》中的教育思想是十分丰富的。而且，其将有关教育的主要篇章（《劝学》《尊师》《诬徒》《用众》等）放在比较靠前的孟夏纪之中，也表明了其首重教育的意图。概括地讲，《吕氏春秋》的教育思想可分为对教育主体、教育方式以及教育内容三方面的论述。教育主体中不仅提出了对受教育的学生的要求，还对实施教育的教师提出要求；教育方式中“顺情而教”思想是其亮点之一；教育内容上，涉及范围十分广泛。其书中还有不少关于教育理论的专论，这在公元前3世纪的中国也是十分宝贵的。

一　教育主体

教育是由教和学两种行为联合构成的活动，所以，它的基本参加者包括教师和学生两方面。《吕氏春秋》对二者都有深刻的论述。它不仅对学生的人选及其应遵循的行为范式作了详细的论述，而且也从许多方面对为人师表者提出了要求。

关于学生的人选问题，《吕氏春秋》继承并发扬了孔子的“有教无类”思想。它认为要求学习是人的天性。《尊师》篇说：“且天生人也，而使其耳可以闻，不学，其闻不若聋；使其目可以见，不学，其见不若盲；使其口可以言，不学，其言不若爽；使其心可以知，不学，其知不若狂。故凡学，非能益也，达天性也。能全天之所生而勿败之，是谓善学。”这是说：人体的多种感觉器官不通过学习训练就不能充分发挥其固有的机能，因而教育对每个人都是非常重要的，因为它并不是给受教育者增加什么身外之物，而是对受教育者本身所具有的天赋和智能进行合理的开发。这里的受教育者显然包括所有的人。但也有持反对意见者。如邓胥功先生就认为，《吕氏春秋》“教育所施，是以由没落贵族所下降或由农商阶级所上升的士阶层为主要对象。在《尊师》篇中，他教学生，‘视舆马，慎驾御，适衣服，务轻爂、临饮食、必蠲洁，善调和，务甘肥’，就可以表明他是以谁为对象了，因为这些生活都是劳动人民的子弟所不敢想到的”。[1] 这种说法有一定的道理，这一方面与吕不韦教诲秦王政的意图有关，另外也是与当时平民教育尚不发达的实际有关。

不过，就《吕氏春秋》全书来看，其中宣扬更多的还是人人皆可受教育的“有教无类”思想。《劝学》篇说：“圣人生于疾学。不疾学而能为魁士名人者，未之尝有也。”这是说，认识不是先天所具有的，而是通过后天环境及教育的影响得来的，即使是圣人也是如此，换句话说，就是人人通过受教育都可能成为圣贤的人。这种“圣人生于疾学”的观点，为无数好学上进的青年士子燃起了跻身仕途、参与国事、施展才干的希望，它显然与孔子提出的圣人“生而知之”的观点有着明显的区别，它更贴近社会，贴近现实，更容易为民众所接受。《尊师》中列举了一些本已无可救药之人通过学习而改恶从善、最终扬名天下的事例，如：“子张，鲁之鄙家也；颜涿聚，梁父之大盗也；学于孔子。段干木，晋国之大驵也，学于子夏。高何、县子石，齐国之暴者也，指于乡曲，学于子墨子。索卢参，东方之钜狡也，学于禽滑黎。此六人者，刑戮死辱之人也。今非徒免于刑戮死辱也，由此为天下名士显人，以终其寿，王公大人从而礼之，此得之于学也。”这是说像子张这样出身小姓、颜涿聚这样做过大盗、段干木这样从说合牲畜交易中进行剥削和高何、县子石这样凶恶以及索卢参这样狡猾的人，都可因跟从名师学习而为“天下名士显人”，更何况是一般身家清白的百姓呢？所以，我们至少可以肯定，吕不韦没有将读书求学限定在某个阶级或阶层之内，至于其谈论尊师之道

---

① 邓胥功：《〈吕氏春秋〉教育思想析论》。

时忽略了劳动阶层学生的承受能力问题，则可能是因吕不韦久处上层，一时疏忽所致。因为《劝学》篇曾说："故师之教也，不争轻重尊卑贫富，而争于道。"这是十分明确的不以贫富贵贱来选择学生的观念。

对教育活动的施与者——教师，《吕氏春秋》也提出了许多要求，其认为"不知理义，生于不学。学者师达而有材，吾未知其不为圣人"①。意思很清楚：不懂得理义，是由于不学习。从师学习的人，如果他的老师通达而自己又有才能，就一定会成为有作为的人。那么什么是"师达"呢？《劝学》称"为师之务，在于胜理，在于行义"，意为做老师就是要让人明白事理、施行尊道贵德之义，也就是后人所说的"传道、授业、解惑"。要实现这一目标，就必然要求为师者具有渊博的知识及丰富的阅历，只有这样的人才能成为好老师，才会受到学生的尊敬，即《劝学》篇所说"理胜义立则位尊矣，王公大人弗敢骄也，上至于天子，朝之而不惭。凡遇合也，合不可必。遗理释义，以要不可必，而欲人之尊之也，不亦难乎？故师必胜理行义然后尊"。

《诬徒》篇分析了不足以为人师表的情形，称："不能教者：志气不和，取舍数变，固无恒心，若晏阴喜怒无处；言谈日易，以恣自行；失之在己，不肯自非，愎过自用，不可证移；见权亲势及有富厚者，不论其材，不察其行，驱而教之，阿而谄之，若恐弗及；弟子居处修洁，身状出伦，闻识疏达，就学敏疾，本业几终者，则从而抑之，难而悬之，妒而恶之；弟子去则冀终，居则不安，归则愧于父母兄弟，出则惭于知友邑里，此学者之所悲也，此师徒相与异心也。"这是说老师如果脾气乖戾、喜怒无常、刚愎自用、趋炎附势或压制有才华的

① 《吕氏春秋·劝学》。

学生，使学生去留都不安心，那么他就是“不能教者”，因为他不但会使学生深受其害并荒废学业，而且也会使自己失去社会和学生的尊敬。

在阐述了对学生和老师的基本要求后，《吕氏春秋》还提及了二者之间的关系问题。师生关系是教育过程中最重要的心理关系，良好的师生关系对于教师和学生双方都有非常积极的意义。现代教育理论十分重视师生的教学交往活动，认为通过师生的教学交往，可以促进彼此了解、相互影响、共同学习，达到师生间的人际沟通，进而协调认知和教学活动，最终实现教学目的和任务。在这一活动中，学生通过教师的“教”得以修养身心，变得聪明；同时，教师在对学生施教的过程中，由于为人开拓心智而获得了学生的尊重，把学生学习的需要当作自己的需要，把教育学生看作是教育自己。二者角度不同，但目的都在于说明教学活动是师生双方的，师生关系和洽，教学效果才会提高。这些认识，的确是难能可贵的。在这里，《吕氏春秋》主要强调“师徒同心”，《诬徒》篇说：“人之情，爱同于己者，誉同于己者，助同于己者，学业之章明也，道术之大行也，从此生矣。”从老师方面来说，只有学生与自己同声相应、同气相和时，才能“尽智竭道以教”，以便使自己的道术能够大行于世；善于教导学生的老师，还会“视徒如己，反己以教，则得教之情矣。所加于人，必可行于己，若此则师徒同体”。这种思想有些类似于孔子所说的“己所不欲，勿施于人”。在这里，理想的老师应该是学生言行举止的楷模，不仅要“言传”，更要“身教”，只有自己做到的才可以去要求学生，这就避免了老师对学生的刻意刁难。从学生方面来说，则要尽力尊师，如《尊师》篇所说：“凡学，必务进业，心则无营。疾讽诵，谨司闻，观欢愉，问书意，顺耳目，不逆志，退思虑，求所谓，时辩说，以论道，不苟辩，必中法，得之无矜，失之无惭，必反其本。”学生要想学业有成，便不能对老师心存疑惑，要努力记诵老师所传授的知识，仔细听取老师所讲述的道理，要视老师欢愉时去问书意，要顺从老师的意图，不违抗老师的愿望，可以与老师辩说论道，但不能狡辩，必须合乎辩论的常理，辩赢了不可骄傲，输了也不必惭愧，总之应以获得知识为最终目标。这样，有了老师的尽智竭道、反己以教及学生的谨遵师命、勤学好问，教育的目标才能较好地实现。

二　教育方式

教育方式是教育成败中关键的一环。现代教育心理学理论认为，教学过程实质上是人与人相互交往的一种社会活动，是由“教”和“学”双方交往而构成的，《吕氏春秋》中关于教育方式的内容就是从教和学两个方面来进行论述的。

先说“教”。《下贤》篇举子产见其师的例子来说明老师对学生的态度问题，其云：“子产相郑，往见壶丘子林，与其弟子坐必以年，是倚其相于门也。”这是说，子产虽贵为郑国丞相，但当他去拜见壶丘子林时，还是要依照老师待人的惯例，即按年龄排座于门边。这个例子说明，老师对学生要一视同仁，无论其出身门第如何，皆要以礼相待，不能因其地位高贵而逢迎奉承，也不能因其地位低微而冷漠蔑视。

有了执中的态度，为人师者还应善教。在这里《吕氏春秋》特别强调顺情而教。这有三个方面的含义：

一是应采用能让学生发挥学习自觉性和积极性的方法，即所谓：“达师之教也，使弟子安焉、乐焉、休焉、游焉、肃焉、严焉。此六者得于学，则邪辟之道塞矣，理义之术胜矣。”①

① 《吕氏春秋·诬徒》。

这是说真正教学有成的老师，要能使学生安心、快乐、安闲、从容、庄重、严肃，能安心学习、乐于学习，在休息时不忘实践其所学，并进而敬重其所学、恪守其所学。如果在教学中实现了这六个方面的内容，那么学生就能顺利地按照教学计划完成规定的学业。这一提法，均是由人之常情引申而来的，因其深知“人之情，不能乐其所不安，不能得于其所不乐。为之而乐矣，奚待贤者？虽不肖者犹若劝之。为之而苦矣，奚待不肖者？虽贤者犹不能久。反诸人情，则得所以劝学矣”[①]。这是说人都不喜欢做自己没有把握的事，在不喜欢的事上，获得的成果也会相对较少；一件事如果做起来很快乐，不要说“贤者”，即使是“不肖者”，也会努力去做；但一件事如果做起来很痛苦，不要说“不肖者”，即使是“贤者”，同样不能持久。按现代教育心理学的理论来解释，就是情绪对学生的学习活动有非常直接的影响，通俗一些就是“兴趣是最好的老师”。通常情况下，“快乐”这种好的情绪体验对学生的学习活动是有较大促进作用的，也是教师搞好教学、学生搞好学习的必要条件之一，善教的老师，必定会好好把握这一点。在与《吕氏春秋》相距不远的《礼记·学记》中也有类似的论述，其云：“故君子之于学也，藏焉、修焉、息焉、游焉。夫然故，安其学而亲其师，乐其友而信其道，是以虽离师辅而不反。”即先使学生在学习中感到快乐，学生才会亲近他的老师、相信他所学的道理，这样即使离开了老师的督导，也不会走上反对老师学说的道路。这与吕不韦的观点是一脉相承的。

二是要反己以教。《吕氏春秋》认为，教师除了要以“乐”为核心指导学生按照“达师之教”的六个方面去学习以外，还要遵循“视徒如己、反己以教、师徒同体”的教学原则。其

① 《吕氏春秋·诬徒》。

称："善教者则不然。视徒如己，反己以教，则得教之情矣。所加于人，必可行于己，若此则师徒同体。人之情，爱同于己者，誉同于己者，助同于己者，学业之章明也，道术之大行也，从此生矣。"① 这是说老师对学生不能作过于苛刻的要求，教师给学生布置的学习任务应是其能承担的。因为即便是骥骜这样的良马，之所以能"一日千里"，不仅因其材，而且在于"马轻也"；而如果让其"重载则不能数里"，就在于"任重也"，② 超过了其所能负荷的重担，如何能充分施展其优势呢？所以《吕览》断定："礼烦则不庄，业烦则无功。"③ 练习是必要的，但超过学生能承受的程度，徒成为一桩负担，使学生厌烦，对其采取敷衍应付的态度，则必不能收到预期的效果。这正如礼仪过于繁琐，必使人心烦一样。《吕览》的论述虽然感性经验多过理性研究，思辨成分多过科学实证，但它对个别差异的重视，和在此基础上提出的"顺情而教"，都值得今天广大教育工作者反思、自省与借鉴、吸收。要求教师和学生心理相容、志向一致，这样就可以彰明学业，完成师生共同的教和学的总目标，《吕氏春秋》中所记载的这一顺情而教的方式至今仍是行之有效的，它比孔子提出的在教学活动中的"教学相长"显然又前进了一步。孔子从反面说出自己的感受"己所不欲，勿施于人"，《吕氏春秋》从正面提出表达了所加于人、必可行于己的认识，它不但体现了公元前3世纪我国教育思想发展的水平，也向我们揭示了当时我国心理学知识积累已有十分深厚的基础。

三是要允许学生的个性发展。在《吕氏春秋》看来，学生

① 《吕氏春秋·诬徒》。

② 《不苟论·当赏》。

③ 《离俗览·适威》。

的成长有其自然发展的进程，不能人为地设计或改变，所谓“凡生之长也，顺之也”[①]。因此，要促进学生的成长，就必须遵循学生自身发展的规律，尊重学生个体展示的特征，“顺情”而教，方能取得良好的教育效果。如《离俗览·上德》说：“教，变容改俗而莫得其所受之，此之谓顺情。”这里“顺情”而教的具体要求是：教师对学生的期望要合理适度，不必以高标准来统一要求所有的学生。《察今》说：“良剑期乎断，不期乎镆铘；良马期乎千里，不期乎骥骜。”好剑只要能断物即可，而不一定非要是镆铘；好马只要能日行千里即可，而不一定非要是骥骜。同理，好学生的标准也就是只要能掌握基本知识与技能，达到教学要求，又身心和谐发展即可，而不一定非要成为精英、尖子。正如骥骜难遇、镆铘难寻，尖子学生、智力超常者也只是极少数。对大多数学生，全无必要寄予超过他们资质的期望，[②] 更不应“以赏罚而成教”[③]。《吕氏春秋》坚决反对对学生进行体罚或诱以奖赏，而追求心悦诚服的教育效果，这也是相当可贵的。有人将此称为自然主义的教育观。所谓自然主义教育观，是指在整个教育教学过程中，对受教育者不过分刻意施加某种人为的影响或作用，而是在遵循自然发展变化规律和人的身心发展规律的基础上，顺乎自然地促进受教育者个性发展的教育观。在教育实践中，这种教育观表现为不以功利为目的，避免过多的干预，以保证人的自然本性得以充分发展。《吕氏春秋》自然主义教育观的另一特色就是其中蕴含了丰富的非功利主义思想倾向。这种思想倾向对今天提倡的在尊

① 《孟春纪·重己》。

② 赵南：《试析〈吕氏春秋〉的差异心理思想》，载《常熟高专学报》，2000 年第 6 期。

③ 《吕氏春秋·义赏》。

重人的个性发展和独立人格的构建基础上实施素质教育，无疑具有重要意义，它从又一角度揭示了教育发展的普遍规律。如前所述，既然教育的目的是发展人的个性，那么带有功利色彩的教育实践将会违逆自然法则，损害人的自然本性，因此，《吕氏春秋》的作者强烈反对教育以追求功利为目的。总之，《吕氏春秋》中体现出来的以顺乎自然和反对功利主义为主要内容的自然主义教育观，对今天进行教育改革和推行素质教育有着很大的启示作用。首先，这种自然主义的教育观强调一个“顺”字，主张教育应该顺应人的自然天性，教育者应按照受教育者的本性加以引导，以达到“顺其天”而“安乎自然之所矣”的教育目的。其次，这种教育观并不否定学习知识的重要性和必要性，它所着力批判的则是功利化的教育倾向。这种以自然法则为出发点来解释教育的作用和本质的做法，表达了一种强调教育要按自身规律来发展的朦胧意向。其非功利主义的思想倾向，则又从另一个侧面揭示了教育发展的自然规律，这对于丰富我国传统教育理论和指导今天的教育改革、推进素质教育，无疑是具有积极意义的。[①]

再说“学”。学生在教育活动中处于受动者的地位，但这并不表示学生在其中不能发挥自己的主观能动性。相反，学生才是教育成败的决定者。再善于教授的老师，如果得不到学生的有效回应，即出现“师徒异心”的情况，那么这项教育也只能以失败告终。鉴于这一认识，《吕氏春秋》对学生的学习方式也提出了诸多要求，如“尊师敬学”“精而熟之”“取长补短”“学贤问智”“专心致志”“不徙不止”等一系列教育心理学原则，这些对于我国现代教育理论仍有较大的理论价值和现

① 韩红侠：《浅析〈吕氏春秋〉中的自然主义教育观》，载《陕西师范大学学报》（哲学社会科学版），2001 年第 30 卷。

实意义。[①]

首先，学生在态度上应尊师、疾学。“尊师则不论其贵贱贫富矣。”[②] 不光老师对学生不能嫌贫爱富，学生对老师亦应如此。而且，学生对老师还应“事师如事父”，不应有“召师”“卑师”或“谯诟遇之”等行为。“圣人生于疾学。不疾学而能为魁士名人者，未之尝有也。疾学在于尊师。”疾学即对学习要有强烈的紧迫感，要全力以赴地学。

其次，学生在具体的学习中应博采众长、勤学至精。《用众》篇提出学习应当取长补短，其云：“物固莫不有长，莫不有短，人亦然。故善学者，假人之长以补其短。”人人都会有其自身的优点或缺点，善于学习的人能够采集别人的长处来弥补自己的不足，学习是一个取长补短的过程。掌握良好的学习方法，取他人之长以补自己之短，这是善于学习的人应该牢牢记住的。“天下无粹白之狐，而有粹白之裘，取之众白也。”恰当地喻出了这个道理。

再次，学生还应勤学不怠，以至于精。《博志》篇举例说：“孔、墨、甯越，皆布衣之士也，虑于天下，以为无若先王之术者，故日夜学之。有便于学者，无不为也；有不便于学者，无肯为也。盖闻孔丘、墨翟，昼日讽诵习业，夜亲见文王、周公旦而问焉。用志如此其精也，何事而不达？何为而不成？故曰：‘精而熟之，鬼将告之。’非鬼告之也，精而熟之也。”这段话是说孔子、墨子等都对“先王之术”十分仰慕，所以便日夜学之，在此期间，凡对学习有利的就没有不做的，而对学习不利的就完全不去做它，最终他们都因为勤学至精而成为先哲

---

① 赵德肃：《〈吕氏春秋〉教育心理思想今论》，载《贵州教育学院学报》（社会科学版），1999 年第 2 期。

② 《吕氏春秋·劝学》。

名士。这表明，要实现目标，就应下定决心，勤学苦练，这样才能如愿以偿。《尊师》篇还对具体的学习过程作了一些说明，即先立志求学，再努力记诵，用心听讲，不懂就问，退而反思以弄懂老师所讲的道理，参加辩论以加深理解，对辩论结果不骄不惭，坚持不懈，直到将自身所天生而有的潜能充分发挥为止。这不失为一套十分详尽的学习方法论。《审己》篇还提出"知故"，即凡事求其所以然，《知化》篇则强调运用推理的方法洞察未知，这些也是极富理性精神的学习方法。

当然，有善学者，就必然有不善学者。《吕氏春秋》认为学生如果采取了如下方法，那就只能学而无成："不能学者，从师苦而欲学之功也，从师浅而欲学之深也。"不善于学习的人，从师而学，苟且从事，但又想达到学问精到的目标，或不自深入，又想学问精深，这都是不可能的。"故不能学者：遇师则不中，用心则不专，好之则不深，就业则不疾，辩论则不审，教人则不精；于师愠，怀于俗，羁神于世，矜势好尤，故湛于巧智，昏于小利，惑于嗜欲；问事则前后相悖，以章则有异心，以简则有相反；离则不能合，合则弗能离，事至则不能受。此不能学者之患也。"[①] 不能学而有成的人，对待老师不合乎礼法，用心不专一，对喜好的事物不能深入了解，学习不努力，辩论不审慎，给人讲述则不精详，为老师所讨厌，安于俗，留神于世俗琐事，倚势骄，滥用智巧，为小得及嗜好所迷惑；问他事情就说得前后矛盾、词不达意，让他简单地说，就会与其本意相反；将事物分开了就不会合在一起，合在一起就又不懂得让它们分离，事情出现了就不能够承受。不要说在吕不韦的时代，即使是在今天，这样的人也是难以学有所成的。

此外，《吕氏春秋》对教育的环境也作出了特别的强调，

---

① 《吕氏春秋·诬徒》。

《用众》篇借“戎人生乎戎、长乎戎而戎言，不知其所受之；楚人生乎楚、长乎楚而楚言，不知其所受之。今使楚人长乎戎，戎人长乎楚，则楚人戎言，戎人楚言矣”，来说明后天环境的影响对人的发展具有决定性意义。《当染》篇说墨子见染素丝者而叹曰：“染于苍则苍，染于黄则黄，所以入者变，其色亦变，五入而以为五色矣。”这种染丝现象引申到社会领域便是人会因其周围人物或事物的影响而产生不同的结果，其中举例说明天下之仁义显人及不义辱人，都与他们各自所受到的影响有极大的关系。不但人君治国是这样，学生求学也是同样道理。“子贡、子夏、曾子学于孔子，田子方学于子贡，段干木学于子夏，吴起学于曾子；禽滑黎学于墨子，许犯学于禽滑黎，田系学于许犯。孔墨之后学显荣于天下者众矣，不可胜数，皆所染者得当也。”这就是说，学生要想学业有成，找一个学识渊博的老师是极为必要的；同样，老师如果想使自己的学说流芳百世，那么他就必须尽量给学生传授那些接近于真理的颠扑不破的知识，这样才能通过弟子的功成名就将其思想的精华永远流传下去。用音乐来推行教育也是《吕氏春秋》所大力提倡的教育方法之一，《适音》篇说：“凡音乐，通乎政而移风平俗者也。俗定而音乐化之矣。故有道之世，观其音而知其俗矣，观其政而知其主矣。故先王必托于音乐以论其教。”还说：“故先王之制礼乐也，非特以欢耳目、极口腹之欲也，将以教民平好恶、行理义也。”在这里，音乐是被用来当作化民成俗的工具。但从另一个角度，我们也可以认为这是一种宣传以音乐来实现教育目标的思想。关于乐教思想我们在后面章节还会谈及，此处不细论。

三　教育内容

卢鹰在其《〈吕氏春秋〉：百科全书式的宫廷教科书》中称

《吕氏春秋》为“百科全书式的宫廷教科书”，从这个意义上说，吕书所提及的全部内容都可称之为教育内容。如此一来，吕书的教育内容真可谓五花八门、无所不包了，然而这却不是我们此节所能概括的范围，因此，为求明晰，此节只选取有关教育理论、德育内容及音乐教育三个比较典型的方面来加以说明。

教育理论

春秋战国时期，是中国古典教育发展完善并臻于全盛的阶段，官学解体，学术下移，使自由讲学之风大盛。借此风气，关于教育的理论也逐渐发展起来。成书于战国末年的《吕氏春秋》，全面继承了这些成果，形成了一套非常有体系的教育理论。荀子称“干越夷貉之子，生而同声，长而异俗，教使之然也”，即人生下来原本没什么差别，但由于各人所受教育不同，长成后便会产生各种不同的特征。这是肯定教育对人的巨大作用，《吕氏春秋》对这一思想作了进一步发挥与深化。《尊师》篇对教育的功用作理论概括：“故教也者，义之大者也；学也者，知之盛者也。义之大者，莫大于利人，利人莫大于教；知之盛者，莫大于成身，成身莫大于学。”教是最利人的事业，也是道义中最伟大的，所以要想做个有道义的人，最好的办法就是去施教；学是个人成身的途径，要想成为一个有用有声望的人，最重要的便是去学习。所以，教育是一件于己于人都非常有意义的事，因而必须给予它充分的重视。这段话还有一层含义，即“义理之道”要通过教育才能发生作用，故“义理之道”对于天下治乱的作用也就是教育对其的作用。这显然是对我国古代自周公以来就有的教育与政治、教育与伦理高度结合的传统的继承，《礼记·学记》将其概括为“建国君民，教学为先”，“化民成俗，其必由学”。《吕氏春秋·为欲》则向我们指出了教育可以推行的基础乃是因为人有欲望，其云：“使民无欲，上虽贤，犹不能用。……故人之欲多者，其可得用亦多；人之欲少者，其可得用亦少；无欲者，不可得用也；人之欲虽多，而上无以令之，人虽得其欲，人犹不可用也。令人得欲之道，不可不审矣。”在这里，教育行为的施与者已被限定为统治者，其所推行的内容是政治教化，而其政教之所以能够推行，正是因为人有欲望，施教者只有了解了这一欲望并顺应这一欲望而开展教育，才有可能达到其教育的初衷。

《吕氏春秋》认为教育的最终目标是达天性，即“且天生人也，而使其耳可以闻，不学，其闻不若聋；使其目可以见，不学，其见不若盲；使其口可以言，不学，其言不若爽；使其心可以知，不学，其知不若狂”。这是将学习上升到人的本能需要的高度了。而老师之所以能起到帮助学生达天性的作用，恰恰也是因为学生有发挥其眼耳舌等各个器官潜能的欲望，否则，没有学生主观上的努力配合，仅凭老师一个人填鸭式的传授，这项教育是不可能有结果的。《吕氏春秋》对于直接经验和观察力的高度重视，与现代教育心理学的基本理论是完全一致的，这是人类学习过程中的第一个环节，也是知识理解、知识巩固、知识迁移和知识应用的有效前提。①

此外，《士容论》中还提出了农为“本教”论。《上农》指出，古代圣王教导民众，无不“先务于农民”，因为这样不仅可以增加农业收入，更会对农民的思想品德产生巨大作用，使其淳朴而易于驱使，使其少私义而易于推行法令，使人民固守产业而不愿迁徙。可见，吕不韦不仅认识到农业教育的经济效益，而且还将其与政治统治联系起来，从理论上系统地提出了农教对稳固政权的重要作用，这为后代统治者所借鉴，使农业

① 谢克庆、刘亮、张文平：《〈吕氏春秋〉论教育》，载《成都中医药大学学报》（教育科学版），2002 年 12 月第 4 卷第 2 期。

为本的政策成为我国封建社会长期的重要国策。

在教育方法上，《吕氏春秋》也作了不少理论性的总结，如《尊师》篇说："凡学，必务进业，心则无营。疾讽诵，谨司闻，观欢愉，问书意，顺耳目，不逆志，退思虑，求所谓，时辩说，以论道，不苟辩，必中法，得之无矜，失之无惭，必反其本。"这可以说是对一个较完整的学习过程的详细总结。总之，吕书关于教育理论的内容极多，《劝学》《尊师》《诬徒》《用众》四篇相对集中，为避免与其他内容相重复，此处不再一一列举。

德育内容

在这方面，《吕氏春秋》深受儒家思想影响，提倡"尚德""高义""至忠""孝廉""贵公""贵直""贵信""去私""务大""博志"等，但它最强调的还是忠孝教育。《劝学》开篇即说："先王之教，莫荣于孝，莫显于忠。忠孝，人君人亲之所甚欲也；显荣，人子人臣之所甚愿也。然而人君人亲不得其所欲，人子人臣不得其所愿，此生于不知理义。不知义理，生于不学。"即人们学习是为了知理义，知理义则事亲孝、事君忠，整个社会便会秩序井然。可见其德育主要是为实现德治服务的。《义赏》篇明确提出："故善教者，不以赏罚而教成，教成而赏罚弗能禁。"善于教育的人，不用赏罚的手段便会让教化深入人心，教化深入人心后就不会被赏罚所扭曲，吕不韦明显地是将教化视为较赏罚更为有效的统治手段。《先己》篇还提到"三王先教而后杀，故事莫功焉"，借以说明德治的效果远好于法治，为达此目的，它强调天子、君主应特别重视教育，"以道教民，必躬亲之"。这里的教育包含极广，涉及了法制、军事、农业、手工业等各个方面，如仲冬纪有："山林薮泽，有能取疏食田猎禽兽者，野虞教导之。其有侵夺者，罪之不赦。"这即规定了官员有教给人们必要的渔猎技术和养殖技术的义务，又对人们进行了法制教育，归根到底都是统治者推行德治的具体措施。总之，《吕氏春秋》中的德育内容基本是为以德施政的理想服务的，其核心是“孝”，即《孝行》所说：“民之本教曰孝……乐自顺此生也，刑自逆此作也。”围绕这一核心，《吕氏春秋》又提出人伦十际，即“君臣、父子、兄弟、朋友、夫妻”，它为这十际制定了“贵德、贵贵、贵老、敬长、慈幼”等五项行为准则。而要使这五项准则彻底贯彻，则又需要加强道德教化，亦即仁、义、理、智、信五常的教育，这便是吕书德育思想的内涵。中国古代社会，是以宗法为特点的社会，孝是宗法制得以维系的关键所在，所以德育中也是以孝为主。

音乐教育

《论语·泰伯》曾说“兴于诗，立于礼，成于乐”，说明孔子已充分认识到音乐对人格形成的重要作用。在他之后数百年的战国末期诸子中，道家、墨家、法家都反对音乐，道家认为音乐对人的完美天性有害，墨家认为提倡音乐会妨碍各种实际的政治、经济事务，法家认为音乐如寄生在人身上的虱子，传播诗书礼乐的人是蠹虫。[①] 与之相反，《吕氏春秋》继承儒家思想，对音乐非常重视，其中有八篇专门论述音乐，它认为音乐与政治、社会风尚关系密切，“凡音乐，通乎政而移风平俗者也。俗定而音乐化之矣。故有道之世，观其音而知其俗矣，观其政而知其主矣。故先王必托于音乐以论其教”[②]。由于音乐有抒情作用和潜移默化的教育作用，所以为了更好地施行统治，统治者往往把乐教看得与礼治、刑治和政治同样重要。

① 廖其发：《〈吕氏春秋〉中的教育思想》，载《华东师范大学学报》（教育科学版），1988 年第 3 期。

② 《吕氏春秋·适音》。

《大乐》篇说："音乐之所由来者远矣，生于度量，本于太一。"这里的"太一"主要是指自然及其运动的规律，所以这句话是说音乐源于自然，这是对道家"太一生万物"的肯定。但《音初》篇马上又指出："凡音者，产乎人心者也。感于心则荡乎音，音成于外而化乎内。是故闻其声而知其风，察其风而知其志，观其志而知其德。盛衰、贤不肖、君子小人皆形于乐，不可隐匿。"这又是用儒家的"人心感于物"的命题来批判道家认为音乐对人的完美天性有害的观点，认为音乐产自人心，是人性自然会有的欲望，因而推行乐教不但不会破坏人的天性，反而只会让其更加完善。《音初》篇还说："故君子反道以修德，正德以出乐，和乐以成顺。乐和而民乡方矣。"君子德行修谨，则会使政治清明，社会风尚良好，这才能产生"和乐""正声"；只有提倡平和正义的音乐才会使道德风尚顺理成章，也只有这样才能使民归心。这是从音乐教育与社会政治、风尚的关系阐明了"和乐""正声"对政治统治的作用，这就否定了墨家的音乐扰政的观点。在《适音》篇，吕不韦又认为音乐产乎人心，故而必有正邪、雅淫、节侈之分，针对这些问题，他提出"和"与"适"的标准："故乐之务在于和心，和心在于行适。""故太钜、太小、太清、太浊，皆非适也。"① "侈乐""淫声"必须坚决废止，像夏桀、殷纣就是因为迷恋于淫侈之乐，故而才会身死国亡，《音初》篇总结为："世浊则礼烦而乐淫。郑卫之声、桑间之音，此乱国之所好，衰德之所说。"《侈乐》篇云："夫嗜欲无穷，则必有贪鄙悖乱之心、淫佚奸诈之事矣。故强者劫弱，众者暴寡，勇者凌怯，壮者傲幼，从此生矣。"这是说"侈乐"可以助长嗜欲，败坏社会风气，造成灾难性后果，这样的音乐实际上已失去价值。故《大乐》说：

① 《吕氏春秋·适音》。

“亡国戮民，非无乐也，其乐不乐。”鉴于此，吕不韦在大力宣扬乐教的同时，也提出了节制嗜欲，使嗜欲不走向邪僻的要求。《大乐》篇说：“成乐有具，必节嗜欲，嗜欲不辟，乐乃可务。务乐有术，必由平出。平出于公，公出于道。故惟得道之人，其可与言乐乎！”这是把音乐创作及欣赏直接同天下的治乱、个人的修养、行为及自然规律联系起来，又回到了通过乐教来宣传政治教化的初衷上。

总的看来，《吕氏春秋》充分认识到了音乐与政治的密切关系，这与我国古代长期推行的礼乐教化的背景不无联系，但它对音乐在政治统治中的作用显然是有所拔高的，从历史记载看来，无论此前或此后，通过音乐来移风易俗的做法很少能达到统治者所预期的效果。

《吕氏春秋》的教育心理思想是比较丰富、比较完整的，对于“学习心理”“教师心理”“品德心理”等各个方面均有涉及，并总结出尊师敬学、精而熟之、取长补短、学贤问智、专心致志、不徙不止等教育心理的基本原则，将这些原则同现代教育心理理论相比较，仍有较大的理论价值。因此，纵向研究我国教育心理思想，对于发展我国的现代教育理论，有十分重大的现实意义。

第二节　《吕氏春秋》的管理思想

《吕氏春秋》致力于为即将建立的统一政权提供治国安邦的方针，故而其中涉及了许多政治管理方面的论述，这一点在其政治思想中已经论及。除此而外，《吕氏春秋》还谈及了一些管理中的基本原则。

一　正名审分

《吕氏春秋》把正名审分看作是治国的大法宝，提倡起来不遗余力。《正名》篇开篇即说“名正则治，名丧则乱”，认为名之正否是管理中的决定性因素，为此，其强调要杜绝淫辞及夸张的说词，做到名实相符，认为“凡乱者，刑名不当也”，即混乱都是由于名实不符造成的。《审分》篇中也说：“凡人主必审分，然后治可以至，奸伪邪辟之涂可以息，恶气苛疾无自至。……有道之主，其所以使群臣者亦有轡，其轡何如？正名审分，是治之轡已。”《似顺论·处方》中也说：“凡为治必先定分：君臣、父子、夫妇。君臣、父子、夫妇六者当位，则下不逾节而上不苟为矣，少不悍辟而长不简慢矣。”剖析这种名分之治，就是要求社会上的各种人都按自己所属的等级名分去行事，各定其位，各安其位，这样的话，整个社会就会万事大吉，君王自然也就可以永做太平天子了。当然，在这种名分之治的社会里，各种人之间是不会平等的，君有君道，臣有臣道，民有民道。君道就是自然无为，一切利用别人；臣道就是克尽职守，尽忠于君；而民则是各司其职，如《士容论·上农》篇中所说的：“凡民自七尺以上，属诸三官：农攻粟，工攻器，贾攻货。”在《吕氏春秋》看来，只要人人都能各有其职，各安其处，则天下大治指日可待。

《吕氏春秋》的正名与孔子的正名有所不同，孔子所提倡的“正名”是要以周礼为尺度，去纠正他认为不正常的社会秩序；而《吕氏春秋》的正名则是强调“按其实而审其名”，也就是追求名实相符，要充分认识事物的本质及特点，这种看法比起孔子来要显得客观一些。

正名之后，就要因名责实，合理安排人力物力资源。考核功绩要以名责实，名实相得，守法则用，“正名审分，是治之辔已。故按其实而审其名，以求其情；听其言而察其类，无使放悖”①。这里说的正名仍是循名责实的意思，审分就是要闻其言而观其行，即言行一致。二者结合起来，就是要倡导各人均注意做好自己分内之事。《审分》篇举例说：“人与骥俱走，则人不胜骥矣；居于车上而任骥，则骥不胜人矣。人主好治人官之事，则是与骥俱走也，必多所不及矣。”这是以使马为喻，说明君臣必须各有职分，君主不该干涉各级官吏之事，他所关心的应是如何审分正名。因为假如“不审名分，是恶壅而愈塞也”，比喻不审名分而行事，就会如厌恶壅闭反而会更加阻塞一样。同篇举例说：“今有人于此，求牛则名马，求马则名牛，所求必不得矣，而因用威怒，有司必诽怨矣，牛马必扰乱矣。百官，众有司也；万物，群牛马也。不正其名，不分其职，而数用刑罚，乱莫大焉。”这也是通过求牛而名马的做法的错误，来说明不正名审分，就会造成混乱。《审应》篇总结出：“人主出声应容，不可不审。凡主有识，言不欲先。人唱我和，人先我随，以其出为之人，以其言为之名，取其实以责其名，则说者不敢妄言，而人主之所执其要矣。”这是一套完整的正名审分的处事方式，即君主对自己的言语神态不可不慎重。凡是有见识的君主，言谈时都不愿先开口，而是先附和别人，摸清别人的想法，根据他的言论考察他的名声，根据他的实际，推求他的名声。这样，游说的人就不敢胡言乱语，而君主就能掌握住根本了。这套管理方法是比较高明的，循名责实确实可以使管理者显得比较公正，同时也使被管理者比较容易接受上级发出的命令。

① 《吕氏春秋·审分》。

二　因人之欲

因人之欲也是《吕氏春秋》管理思想的一个重要方面。《为欲》写道：

> 使民无欲，上虽贤犹不能用。夫无欲者，其视为天子也与为舆隶同，其视有天下也与无立锥之地同，其视为彭祖也与为殇子同。天子至贵也，天下至富也，彭祖至寿也，诚无欲则是三者不足以劝。舆隶至贱也，无立锥之地至贫也，殇子至夭也，诚无欲则是三者不足以禁。……故人之欲多者，其可得用亦多；人之欲少者，其得用亦少；无欲者不可得用也。

这段话是说人民有欲望，这是君主得以去统治他们的基础。人的欲望越多，对他可以实现的控制就越多，反之亦然，假若人民失去了欲望，则他们就不可能被统治。当然，人的需要也不能无限制地予以满足，应因势利导，这样才能实施有效的管理。所以该篇又写道："人之欲虽多，而上无以令之。人虽得其欲，人犹不可用也。令人得欲之道，不可不审矣。"这是说，人的欲望虽然很多，但是君主却没有办法左右它，所以即使人们的愿望得到了满足，君主依然可能无法自由地支使他们，因此君主就要尽量掌握使人满足愿望的方法。那么，这是什么方法呢？《为欲》篇认为就是"审顺其天而以行欲，则民无不令矣，功无不立矣"。就是说，要顺应人民的天性，不断满足其天性所带来的欲望，这样就可以顺利实现统治。满足下属自身需要，是提高他们劳动积极性的有效手段。就管理活动而言，通过满足下属需要达到调动积极性的目的，不失为一项有效的激励措施。

三　赏罚有当

要调动人的积极性，适当的赏罚也是一个重要的方法。《吕氏春秋》十分关注如何根据人们的怀赏畏罚的心理特点以实施有效的管理。《用民》篇中说："为民纲纪者何也？欲也，恶也。何欲何恶？欲荣利，恶辱害。辱害所以为罚充也，荣利所以为赏实也。赏罚皆有充实，则民无不用矣。"欲荣利、恶辱害是民的本性，顺应民众欲求荣誉和利益的心理以实施奖赏，顺应民众厌恶耻辱和祸害的心理以实施惩罚，则能管理使用民众。

要使赏罚起到调动人的积极性的作用，还必须满足一定的条件，如赏罚有信，《慎小》篇说："赏罚信乎民，何事而不成？"此外，还要赏罚公正，如《当赏》篇所说："主之赏罚爵禄之所加者宜，则亲疏远近贤不肖皆尽其力而以为用矣。"这是说适当的赏罚能使人人皆尽其力以为王者所用。赏罚是君主实施管理和进行道德控制的重要手段，赏罚合乎道义，必然对人们的思想行为产生正面效应，树立其统治者的威信，从而使其统治顺利实现；而赏罚不当的话，则会"赏罚不信，则民易犯法，不可使令"①，将使奸诈、虚伪、贪婪、暴戾等负面道德泛滥不息，进而习之成性，虽厚赏严罚亦难以禁止。

领导者应仔细考察业绩以定赏罚，不能凭个人好恶行事。《当赏》篇写道："凡赏非以爱之也，罚非以恶之也，用观归也。所归善，虽恶之，赏；所归不善，虽爱之，罚。此先王之所以治乱安危也。"领导者按法规行使赏罚，这样受赏者不须感恩戴德，抵罪者不会有怨恨，"赏罚，法也；君奚事哉？若

① 《吕氏春秋·贵信》。

是则受赏者无德，而抵诛者无怨矣”[1]。在君尊臣卑的封建等级制度下，往往易于造成君主在管理活动中滥行君威，针对这一弊病，作者更强调恩重于威，威必须依托于“爱利之心”。《用民》中说：“徒多其威。威愈多，民愈不用。”只有“爱利之心谕，威乃可行。威太甚则爱利之心息。爱利之心息而徒疾行威，身必咎矣。此殷、夏之所绝也”。“爱利之心”就是爱民、利民的思想，将其贯穿于管理活动中并辅之以相应的措施，则自然能够获得民众的拥护，从而顺利实现管理目标。

由上可见，《吕氏春秋》其实是主张礼义和赏罚并用。《用民》篇中说：“凡用民，太上以义，其次以赏罚。”《吕氏春秋》还把礼义和赏罚结合起来，提出了“义赏”的概念，《义赏》篇中说：“赏罚之柄，此上之所以使也。其所以加者义，则忠信亲爱之道彰。久彰而愈长，民之安之若性，此之谓教成。教成，则虽有厚赏严威弗禁。用赏罚不当亦然。奸伪贼乱贪戾之道兴，久兴而不息，民之做之若性。戎夷胡貉巴越之民是以，虽有厚赏严罚弗能禁。”《吕氏春秋》提倡的这种礼义教化和功利赏罚两种手段相辅相成的做法应该说是兼儒、法两家之长，而开后世霸、王道并用之先河。

四　本于治人

《吕氏春秋》一书的根本宗旨是一个“治”字。它全面吸收前人的社会治理思想，融会贯通诸子百家的观点，主张“治人先于治物，治物本于治人”的原则。《贵当》篇云：“（治理天下）必由其道：治物者不于物，于人；治人者不于人，于君；治君者不于君，于天子；治天子者不于天子，于欲；治欲者不于欲，于性。性者，万物之本也。”治理天下万物，不应

[1] 《吕氏春秋·分职》。

就事论事，不能单纯着眼于“物”，而应当着眼于“人”；而治“人”，又不能泛泛地着眼于平民百姓，而是要着眼于当政者，从官吏、国君追溯到“天子”，最终还是要从最高统治者“治”起。为完成“治人”这一序列，《吕氏春秋》提出如下方针：君主要“治其身”。《先己》篇曰：“昔者先圣王成其身而天下成，治其身而天下治。故善响者不响于声，善影者不影于形，为天下者不于天下于身。诗曰：‘淑人君子，其仪不忒，其仪不忒，正是四国。’”这是主张君主修身，认为只要君主品德高尚，则国家大治就唾手可得。这种理论是否可行还需视具体情况而定，但君主有良好的个人修养确实是德治实现的必要前提。大臣要“明职分”。“明职分”，就是确定各级管理人员的职权和身份，在书中又称“审分”或“定分”。如《审分》篇云：“凡人主必审分，然后治可以至。王良之所以使马者，约审之以控其辔，而四马莫敢不尽力。有道之主，其所以使群臣者，亦有辔。其辔何如？正名审分是治之辔。”这是说各人要有明确的职责，并能切实地履行这些职责，这样国家的治理亦可顺利施行。这里将正名审分视为君主统治臣下的关键。从此中我们可以看出，《吕氏春秋》虽然主张君主无为，但囿于当时的时代，它并不敢明确地表示反对君权，相反，在有些时候，它还是会很尽心地提出一些为君御臣之道。

对百姓要“顺民心”。《吕氏春秋》受先秦诸子，特别是儒、墨、道、法各家的影响，有着强烈的民本主义倾向。书中大量篇章讲了顺民、爱民、忧民、便民的道理。如《顺民》篇云：“故凡举事必先审民心，然后可举。”《爱类》篇则说：“人主有能以民为务者，则天下归之矣。”这些我们在前面因民之欲中都已论及，此处不再重复。作为先秦政治文化的集大成者，《吕氏春秋》的民本思想不是抽象的概念公式，而是当时社会现实的强烈反映。

综而言之，要善于“用众”。《用众》篇中说：“天下无粹白之狐，而有粹白之裘，取之众白也。夫取于众，此三皇五帝之所以大立功名也。凡君之所以立，出乎众也。立已定而舍其众，是得其末而失其本，得其末而失其本，不闻安居。故以众勇无畏乎孟贲矣，以众力无畏乎乌获矣，以众视无畏乎离娄矣，以众知无畏乎尧舜矣。夫以众者，此君人之大宝也。”善于利用众人的力量是君王成功的基础，也是其立于不败之地的保证。

第九章

《吕氏春秋》的养生及乐律思想

养生思想是道家学说中的重要内容，《吕氏春秋》对养生学极为重视，书中有多篇谈到养生思想，其养生论主动、健康、积极，富于科学精神。这主要得益于秦人的医学实践及其理论总结。另外，《吕氏春秋》之所以重视养生，不仅仅是为了健康长寿，更重要的是想通过养生制约君主的生活行为。《吕氏春秋》中的乐律思想也比较有特色，它第一个以道家的哲学理念去建立系统的音乐理论体系，对音乐的起源和作用以及音乐审美等问题作了详尽的讨论。

第一节　《吕氏春秋》的养生思想

就养生思想而论，《吕氏春秋》是先秦诸子著作中内容最丰富的。全书计一百六十篇，涉及到养生内容者，如《本生》《贵生》《重己》《情欲》等约五十篇左右，所以其养生思想是十分值得关注的。《吕氏春秋》的养生思路是：人与万物同样源于自然，所谓养生就是要达于人的天性，而达于天性的途径有二：一是节欲，二是保持运动。

一　养生之要，在全其天

《吕氏春秋》认为人是自然的产物，人与自然密切相关。

《大乐》篇说：“万物所出，造于太一，化于阴阳。”当然人也不能例外：“始生人者，天也，人无事焉。天使人有欲，人弗得不求；天使人有恶，人弗得不辟。欲与恶，所受于天也，人不得与焉，不可变，不可易。”这是说不仅人类的产生本身源于自然，就连人的喜好厌恶等情绪也是天所赋予的。既然如此，人的活动就必然要受自然规律、自然环境的制约。所以，在如何养生上，《吕氏春秋》十分强调顺其自然，认识和掌握自然规律，发挥人的主观能动作用，趋利避害，这是它提出的养生原则。《本生》篇称：“始生之者，天也；养成之者，人也。能养天之所生而勿撄之谓天子；天子之动也，以全天为故者也。”可见其认为生命得之于天，养生之要在于达其天性。那么何谓达其天性呢？《尽数》篇曰：“圣人察阴阳之宜，辨万物之利以便生，故精神安乎形，而年寿得长焉。长也者，非短而续之也，毕其数也。”这句话直译过来就是说长寿并非寿短而使之延长，而是使人活够本应达到的寿数。达到寿数的方法，就是避免为害。这是一种十分积极的养生理念，即首先提出每个人都是可以长寿的，因为这是自然所赋予人的，这种赋予对每个人都一样，所以所谓养生，其实就是去尽量地让这种赋予成为现实，其方法是“察阴阳之宜，辨万物之利以便生”。这句话说得有些抽象，所以它进一步解释道：“毕数之务，在乎去害。何谓去害？大甘、大酸、大苦、大辛、大咸，五者充形则生害矣。大喜、大怒、大忧、大恐、大哀，五者接神则生害矣。大寒、大热、大燥、大湿、大风、大霖、大雾，七者动精则生害矣。故凡养生，莫若知本，知本则疾无由至矣。”这就是说，人活百岁，本是生命的自然寿限，而许多人未能活到这一寿限，究其原因，多由于在生命过程中受到种种危害和干扰。如果能找出原因，并采取措施排除这些危害和干扰，则有可能使人长寿，达到自然寿限。这里对各种“害”的类型的总结也是比较全面的，大甘、大酸、大苦、大辛、大咸是从饮食角度讲的，大喜、大怒、大忧、大恐、大哀则是从人的情绪角度来说，大寒、大热、大燥、大湿、大风、大霖、大雾又转而分析人所处的外部环境。从现代养生观念来看，能够对人体健康状况形成影响的也不外是身体本身的、情绪上的以及外部环境气候变化这三大类原因，所以《吕氏春秋》这种去害知本终其天年的方法，就是避免一切不利于生命健康的自然环境和人为损害，要求人们采取相应措施，改善环境，积极养护生命，这种观点到今天也还具有借鉴意义。

二　养生之诀，在于适欲

除了从理论上阐述关于养生的原理外，《吕氏春秋》还从实际操作上对这些原理的具体施行方式作了分析。《重己》篇提出：“凡生之长也，顺之也；使之不顺也，欲也。故圣人必先适欲。”《情欲》篇提出“圣人修节以止欲”，它分析说：“耳之欲五声，目之欲五色，口之欲五味，情也。此三者，贵贱、愚智、贤不肖欲之若一，虽神农、黄帝，其与桀、纣同。”即无论高低贵贱、贤与不肖都有口腹之欲、耳目之好，这是任何人都不能避免的。接着它又说：“圣人之所以异者，得其情也。由贵生动，则得其情矣；不由贵生动，则失其情矣。此二者，死生存亡之本也。俗主亏情，故每动为亡败。”圣人之所以能成其为圣人，就是因为圣人可以以情导欲。在这里，是否有情，已被上升到“死生存亡之本”的高度，所以它总结道：“耳不可赡，目不可厌，口不可满；身尽府种，筋骨沈滞，血脉壅塞，九窍寥寥，曲失其宜，虽有彭祖，犹不能为也。”即各种欲望都不可被过度满足，否则只会给人的身体带来各种各样的危害，到那时，即使是彭祖也难以长寿了。这是谆谆告诫人们与其纵欲而夭亡，不如适欲而长寿。

在一些篇章中，《吕氏春秋》还从很具体的生活细节来谈养生的方法。《尽数》篇谈到在日常生活中，要“凡食，无强厚味”，“食能以时，身必无灾。凡食之道，无饥无饱，是谓五藏之葆”。因此，善养生者的欲求是有限度的，他们注意自我调节，因而其欲望容易得到满足，欲望易满足其心理就平和，心理平和就容易获得健康。《重己》篇还指出，善于养生的人是“不味众珍”的，因为“味众珍由胃充，胃充则大闷，大闷则气不达”。“众珍”主要指游鱼、飞鸟、走兽之类的动物食品，认为这类食品吃多了会使脾胃消化功能呆滞，还会影响气血功能的畅达。这种素食主义观点与其适欲的观点有些矛盾，这里提倡人们压根儿就不要吃肉，而适欲的观点则应是可以吃肉，只是别吃太多就行。二者的差异在于素食主义是要禁一部分欲，而适欲的本质是节欲。二者虽不发生根本性的冲突，但其差异也是客观存在的。这种现象反映了《吕氏春秋》杂家的特点，即其对许多问题都可能会有几种不同的观点同时存在，这虽然有时会让人觉得无所适从，但从另一个角度，它却为后世读者提供了可以选择的机会，否则如果只是单一的观点，则我们对一个问题的认识将是远不够全面的。《重己》篇举居住条件为例，强调住房的地基不要太高，房间不宜太大，因为“室大则多阴，台高则多阳，多阴则蹶，多阳则痿，此阴阳不适之患也。是故先王不处大室，不为高台……圣人之所以养性也”。即是说房子大了阳光照不到的地方就多，亭台过高则阳光会过于强烈，而阳光过弱或过强对人都不是理想的选择，因而要颐养人的天性，就不能住过大的房子或建过高的亭台。其实这里的核心观点仍是“适欲”，这是《吕氏春秋》养生思想的核心。

为了防止人们无度地满足各种欲望，《吕氏春秋》甚至提出富贵不如贫贱的观点。《本生》篇说：“贵富而不知道，适足以为患，不如贫贱。贫贱之致物也难，虽欲过之，奚由？出则以车，入则以辇，务以自佚，命曰招蹶之机；肥肉厚酒，务以自强，命曰烂肠之食；靡曼皓齿，郑卫之音，务以自乐，命曰伐性之斧。三患者，贵富之所致也。故古之人有不肯贵富者矣，由重生故也，非夸以名也，为其实也。”这段话的大意是：高贵富裕如果不知道客观规律，会成为人的祸患，还不如贫穷卑贱。贫穷卑贱的人要弄到享受的物质很困难，虽然也想高消费，怎么能做到呢？出入都坐车，为了自己舒服，这叫做制造蹶子的机械；肥肉浓酒，为了增强体质，这叫做腐蚀肠胃的饮食；美女的美色与郑卫的音乐，为了娱乐，这叫做损伤本性的斧头。三大祸患，是高贵富裕所造成的。所以古代有的人不愿意当高官发大财，是由于重视自己的生命，不是为了向别人夸耀自己清高的名声，是为了实际的好处。在《本生》的作者看来，过度丰富的物质享受如同大甘、大喜、大寒等一样的“大害”，它们的存在会妨害人体的自然机能的发展，从而对人的身体带来不利影响，所以与其让这些过度奢华的享受来侵害人，还不如去过清贫的生活。这种观点多少是有些迫于无奈而言的，更为理想的状态其实应该是即使富甲天下亦能洁身自好，不过分沉湎于任何一种欲望。

三 养生之机，在于运动

除提倡通过节欲达到全天的目的外，《吕氏春秋》还主张通过运动来获得健康。《吕氏春秋·先己》指出：“精气日新，邪气尽去，及其天年，此之谓真人。”该篇认为，宇宙万物都在不断地运动变化，四时交替，寒去暑来，人体的精气和血脉也应以流通为贵，这是维持人体正常生理功能的重要环节。如果“民欲不达”、“饮食居处”失宜、“形不动”、“大怒”等，就会影响精气血脉的运行，导致“气郁”而留病。若不及时治疗，等到“郁处久，则百恶并起，而万灾丛至矣”[①]。书中用“百恶”“万灾”强调气郁对人体的严重危害，从病理角度说明精气流动的重要性。怎样治疗郁症呢？据《吕氏春秋·古乐》记载：“昔陶唐氏之始，阴多滞伏而湛积，水道壅塞不行其原，民气郁阏而滞著，筋骨瑟缩不达，故作舞以宣导之。”这一记载反映出氏族公社末期，洪水为患，曾引起人们产生“筋骨瑟缩”之类的疾病，而人们则用舞蹈来活动肢体以治疗这类疾病，既调节情绪，又活动肢体。这是我国古代应用舞蹈治疗疾病的最早记载，它表明我们的先民很早就有了用运动来养生的经验，《吕氏春秋》不仅记载了这一经验，而且认为生命本身就应该是一种动态的和谐。《尽数》篇说：“流水不腐，户枢不蠹，动也。形气亦然。形不动则精不流，精不流则气郁。郁处头则为肿、为风，处耳则为挶、为聋，处目则为䁾、为盲，处鼻则为鼽、为窒，处腹则为张、为疛，处足则为痿、为蹷。”这段话是认为“郁”是万病之源，只有“达郁”（排除壅塞，使其通达）才能延年益寿。人之精气血脉以通利流畅为贵，若抑郁不畅达，则百病由之而生，因而活动形体是使体内精气流通以保障生命活动正常进行的有效措施。经常运动形体，则精气流行，病无从生。这种动形达郁的主张是对养生学的一个重大贡献。

同样在《达郁》篇中也强调了精气流通的重要性：“凡人三百六十节，九窍五脏六腑肌肤欲其比也，血脉欲其通也，筋骨欲其固也，心志欲其和也，精气欲其行也，若此则病无所居而恶无由生矣。病之留、恶之生也，精气郁也。故水郁则为污，树郁则为蠹，草郁则为蒉。”总之，一切事物只能在永恒的运动中存在，一切生命只有在运动中才有活力。一旦运动停

① 《吕氏春秋·达郁》。

止，就意味着事物的毁灭，生命的衰亡。

总之，《吕氏春秋》对养生学的论述，不仅内容丰富，而且相当全面，具有很高的价值。

第二节 《吕氏春秋》的乐律思想

《吕氏春秋》是先秦诸子百家的殿军之作[①]，其中包含了十分丰富的音乐史料。《中国音乐词典》称“音乐”一词最早见于《吕氏春秋·大乐》：“‘音乐’之所由来者远矣。”且其意义与现代词汇相同。但此后千余年内，“音乐”一词却未再见于他书，只是到了近代才又重被提及。所以，在对我国古代音乐的研究上，《吕氏春秋》具有举足轻重的地位。其《大乐》《侈乐》《适音》《古乐》《音律》《音初》《制乐》等篇集中论述音乐，其中《大乐》是《吕氏春秋》论乐的总纲，谈及了音乐的起源、音乐的审美以及乐教的作用等关键问题。《古乐》与《音初》保存了古乐舞、乐器制造及乐律等方面的材料。《古乐》是我国第一部编年体音乐通史，它以时间为序，记载了从远古朱襄氏到周公共计 14 位帝王及氏族首领的音乐活动，脉络清晰，其中所载多为我国传说时代的音乐活动，这些传说对研究文字出现以前的原始社会的音乐状况，具有重要的史料价值。[②]《音初》注意总结当时不同地区的音乐所体现的不同风格，独辟蹊径，在距今两千多年的先秦时代，就已经有了将民歌分成东南西北四个色彩区的意识，颇具建树。《大乐》和

---

① 周薇：《孔子、荀子和〈吕氏春秋〉的乐论比较》，载《宁波大学学报》，2003 年第 3 期。

② 尚红：《〈吕氏春秋·古乐〉篇中的音乐史料研究》，载《星海音乐学院学报》，1998 年第 1 期。

《侈乐》对研究先秦时期的音乐美学思想，具有很高的史料价值。还有一些篇章从纯音乐的角度对音律进行了区分、辨明与规范。如《圜道》述宫、徵、角、羽、商五音，《音律》记载了黄钟、大吕、太簇、夹钟、姑洗、仲吕、燕宾、林钟、夷则、南吕、无射、应钟等十二律以及三分损益律的计算方法。尽管早在西周就有“宫、商、角、徵、羽”五音与十二律的名称，《管子》也用三分损益律生成“徵、羽、宫、商、角”五声音阶，但《吕氏春秋》最早讲到黄钟律的长度，算全并记录了十二律的算法，所以《吕氏春秋》的乐论上升到了理性层次，对音乐理论发展的贡献相当大。[①] 综而论之，《吕氏春秋》对音乐的论述大致可分为以下两个方面：一是音乐的起源，二是音乐与人心的作用。

一　音乐源出于自然

《吕氏春秋》认为，音乐起源于对自然的模仿，是天籁，音律则是“听凤凰之鸣，以别十二律”，音乐本身则是来自于自然界的声音，作者认为自然界莫不有声。[②] 《吕氏春秋·大乐》里有这样一段文字：

> 音乐之所由来者远矣。生于度量，本于太一。太一出两仪，两仪出阴阳。阴阳变化，一上一下，合而成章。浑浑沌沌，离则复合，合则复离，是谓天常。天地车轮，终则复始，极则复反，莫不咸当。日月星辰，或疾或徐，日

① 周薇：《孔子、荀子和〈吕氏春秋〉的乐论比较》，载《宁波大学学报》，2003 年第 3 期。

② 刘世芮：《〈吕氏春秋〉的“音乐”论探析》，载《社科纵横》，2001 年第 4 期。

月不同，以尽其行。四时代兴，或暑或寒，或短或长，或柔或刚。万物所出，造于太一，化于阴阳。萌芽始震，凝寒以形。形体有处，莫不有声。声出于和，和出于适。

《吕氏春秋》把乐的起源同宇宙万物的起源联系起来，提出了乐“生于度量，本于太一”的观点。在《大乐》的作者看来，音乐产生的过程是这样的：“太一”产生天地，天地产生阴阳，阴阳的变化产生了有形的万物，有了有形的万物就有了声音，这就是所谓“形体有处，莫不有声”，而音乐就产生于对自然的各种音响的美的感受模拟之中，因而要探求音乐的起源，就要先说明万物的起源，这就揭示了自然与音乐起源密不可分的关系。这正如帝尧“命质为乐，质乃效山林溪谷之音以歌”。这种从自然万物的发生起源去探寻音乐起源的见识，尽管在当时还是一种简单的看法，但毕竟是一种朴素唯物主义的观点，把握住了艺术起源的根本，它与从超自然的原因中去找寻音乐起源的观点有着本质的不同。音乐被看作是法自然的重要社会活动之一，在十二纪的每纪中都有涉及五声、十二律的配位。把五声与四季、五行相配，[①]“凡乐，天地之和、阴阳之调也”。音乐是天地阴阳协调一致的产物。《吕氏春秋》还吸收和发展了荀子的乐论，论及了音乐的产生与情感的关系，《音初》中说：“凡音者，产乎人心者也，感于心则荡乎音，音成于外而化乎内。”即音乐源于人的内心，内心情感荡漾，便用音声加以表达。这表明，《吕氏春秋》是从源和流两方面论述了音乐的产生，不仅阐述了声音的形成，如《古乐》对无弦之瑟、音律、乐音等乐器、乐律、声音所作的最原始的探讨，

① 王军：《〈吕氏春秋〉论乐宏观模式及其由来》，载《中国音乐学》，1998 年第 2 期。

而且论及了美好的声音之所以成为音乐的原因，即这是由人的内心感受得来的。尽管《吕氏春秋》对音乐起源的解释富有神话传说的意味，但的确具有史料的价值。

由以上论述可以看出，《吕氏春秋》作为杂家，在音乐的起源问题上也是兼收各家思想，如“太一”属于精神的范畴，与《易传》的“太极”和老子的“太一”相似，给人一种神秘、玄妙之感，而“度量”是物体的律动，属于物质的范畴。阴阳与五行的观念一样，都是春秋初期朴素唯物主义的关于自然物质的“物”的观念。阴阳五行育万物及音声，这是春秋初期人出于生产的需要作出的对于自然的解释，战国末期的《吕氏春秋》吸收了相关的思想，是力图从音乐的源头出发，讨论乐的发生，即“音乐之所由来者远矣”的问题。① 不过总的来说，《吕氏春秋》对乐的起源和本质的看法，是建立在道家哲学的基础之上的，但同时又不排除儒家。这些看法较之于儒家的乐论具有更为浓厚的哲学色彩和更为系统的理论结构。如将其同儒家的《乐记》相比较，我们会发现前者是着重从个体生命顺应自然而发展的观点去看“乐”，后者则着重于从社会的伦理道德的观点去看“乐”。一个强调自然的“性命之情”，一个强调社会伦理道德之情；一个强调个体生命与自然的统一，一个强调个体生命与社会的统一。《吕氏春秋》的特殊贡献就在于第一个把道家思想运用于艺术理论的建立，提出了相当系统的观点。②

① 周薇：《孔子、荀子和〈吕氏春秋〉的乐论比较》，载《宁波大学学报》，2003 年第 3 期。

② 赵寅：《声出于和　和出于适——〈吕氏春秋〉乐论美学观之检讨》，载《贵州大学学报》（艺术版），2002 年第 3 期。

二　音乐与人心

由于《吕氏春秋》认为音乐的产生与人心有密切的关系，所以它对人的活动与音乐的关系作了详细的论述。《音初》里有这样一段文字：

> 凡音者，产乎人心者也。感于心则荡乎音，音成于外而化乎内。是故闻其声而知其风，察其风而知其志，观其志而知其德。盛衰贤不肖，君子小人，皆形于乐，不可隐匿。故曰乐之为观也深矣。土弊则草木不长，水烦则鱼鳖不大，世浊则礼烦而乐淫。郑卫之声，桑间之音，此乱国之所好，衰德之所说。流辟佻越慆滥之音出，则滔荡之气、邪慢之心感矣。感则百奸众辟从此产矣。故君子反道以修德，正德以出乐，和乐以成顺，乐和而民乡方矣。

此段文字阐明了成乐必先正德的观点，把音乐的社会性放在第一位，并强调合适的音乐可以帮助实现统顺万民的目标。其认为，音乐产乎人心，它可以反映社会状况，音乐与一国的风化就像土壤和草木、活水与鱼鳖的关系一样，前者决定后者的健康成长，“其治厚者，其乐治厚；其治薄者，其乐治薄”①。由此可见，一个时代的风气变了，必然会影响人们的社会心理，进而在那时的音乐中表现出来。所以，音乐是认识国情、民情的窗口，“审音”可以反映一个时代的社会风尚与士民心态，知民风之厚薄，晓社会之治乱。“故治世之音安以乐，其政平也。乱世之音怨以怒，其政乖也。亡国之音悲以

① 《吕氏春秋·制乐》。

哀，其政险也。”[①] 这是其对音乐与政治关系的经验总结。

乐与政通思想是《吕氏春秋》音乐思想的一个重要部分。在先秦时期，人们十分看重音乐与政治的关系。周公当时最大的政治措施之一就是制礼作乐；孔子也从乐入手，通过正乐来立礼。《吕氏春秋》所说的音乐“生于度量，本于太一”，与宇宙的本原紧密相连，这就强调了音乐的重要地位，为其“乐教”打下了坚实的基础。它认为，音乐有辅政、宣道、教化、安民等作用，如《适音》说：“先王之制礼乐也，非特以欢耳目、极口腹之欲也，将以教民平好恶、行理义也。”《音初》说：“乐和而民乡（向）方（道）矣。”此外，音乐还有维持社会关系、推广风俗的媒介作用，如《适音》说：“凡音乐，通乎政而移风平俗者也，俗定而音乐化之矣。……故先王必托于音乐以论其教。”作为政论书，吕书正是看中了音乐具有直接、迅速、深刻地影响人的内心世界的特征，才强调“乐教”的。

同时，音乐终究是要人来欣赏的，人的情绪对音乐也有很大影响。当人为祸患或名利抑郁、烦躁时，其五官的功能就处于抑制状态，对美的事物的发现、感受力就大为降低。如《大乐》说：“亡国戮民，非无乐也，其乐不乐。”《适音》说：“耳之情欲声，心不乐，五音在前弗听，……乐之弗乐者，心也。”可见，审美主体的心理状态，对审美活动的发生起着重要作用。

既然乐有正邪之分，人们就必须有选择地去听，《本生》说：“今有声于此，耳听之必慊，已听之则使人聋，必弗听。”即假若有这样一种声音，耳朵听到它肯定感到惬意，但听了就会使人耳聋，人们一定不会去听。那么，什么样的音乐是值得去听的呢？那就是“适音”，《适音》说：“乐之务在于和心，和心在于行适。夫乐有适，心亦有适……夫音亦有适……以适

① 《吕氏春秋·适音》。

听适则和矣。乐无太，平和者是也。”“适”，是《吕氏春秋》论乐富有特色的核心范畴，它包括审美主体的“行适”“心适”，审美对象的“音适”，以及审美主客体关系的“和适”。这是对音乐与人心关系的精确概括，即提出“和出于适”“夫乐有适，心亦有适”的观点。[1]《吕氏春秋》不但重视主体的审美条件，即“形适”“心适”，而且重视客体的审美特质，即“音适”，更重视审美主、客体关系的“和适”，明确提出“以适听适则和矣”的论断，即只有主、客体相和谐，真正的审美活动才得以形成，否则，就建立不了审美联系。这与马克思所说的任何一个对象“只是对那个与它相适应的感觉说来才有意义”是异曲同工的。

三　音乐审美思想：乐出于和

在讲到音乐的欣赏时，《吕氏春秋》具体地从审美的角度发挥了它的“适”的美学原则。它认为对音乐的美的欣赏需要两个条件：一个是“心”要“适”，另一个是“音”要“适”。只有作为音乐欣赏者的主体的“心”是“适”的，作为欣赏对象的“音”也是“适”的，“以适听适”，然后才会有“和”，即有对音乐的欣赏。[2]

《吕氏春秋》音乐审美思想的中心观念是“乐从和”。“乐从和”是先秦美学的基本观念，春秋时人如单穆公、伶州鸠等已提出了“夫政象乐，乐从和，和从平”[3] 的观点，但他们并

① 王启才：《〈吕氏春秋〉的艺术心理论略》，载《兰州学刊》，2003年第6期。

② 赵寅：《声出于和　和出于适——〈吕氏春秋〉乐论美学观之检讨》，载《贵州大学学报》（艺术版），2002年第3期。

③ 《国语》卷三《周语下》。

未探讨“乐从和”的本源问题，而《吕氏春秋》则对“乐从和”的本源进行了探讨。[①] 音乐首先表现为音律之和，而音律之和与自然、社会、人心又是相应的，它来源于自然、社会之和乃至人心之和。这是音乐之美的根本来源，也是“先王定乐”的根本原则。因为只有这样的音乐才能给人以审美愉悦，有益于人的身心以及人类社会的和谐发展。这是《吕氏春秋》论“乐”的基本思路，与儒家侧重从社会的政治、道德教化和个体的心性修养角度论“乐”有着明显的差异。它具有一种纯艺术论的倾向，即把音乐首先作为审美对象来看待，把音乐的审美愉悦功能放在首要位置。《大乐》篇指出：“大乐，君臣父子长少之所欢欣而说也。”《侈乐》篇指出：“凡古圣王之所为贵乐者，为其乐也。”在《吕氏春秋》看来，“先王定乐”“古圣王之所为贵乐”，根本原因是“为其乐也”，是因为以“和”“适”为本的“乐”能够给人以审美愉悦，能够使“君臣父子长少”“欢欣而说”。《吕氏春秋》对音之“和”“适”还用“中”（执两用中）和“中庸”的方法作了界定，“夫音亦有适：太钜则志荡……太小则志嫌……太清则志危……太浊则志下……故太钜、太小、太清、太浊，皆非适也”[②]，这是从音高、音质讲。还嫌不够确切，再进一步，即“大不出钧，重不过石，小大轻重之衷也”，音乐想“适”就先要“衷”，即不大不小不轻不重。《吕氏春秋》认为音频、音高只有作到“中”，才能产生“适音”或“和乐”。《吕氏春秋》在论“和”“适”“衷”时论及的完全是音乐本身的特质。因而，《吕氏春秋》虽然承认并肯定音乐的教化功能，但却是以对音乐的审美功能的

① 祁海文：《试论〈吕氏春秋〉的美育思想》，载《烟台师范学院学报》，2003年第1期。

② 《吕氏春秋·适音》。

强调为前提的，艺术的审美功能成为其美育功能的基本出发点。这可以说是先秦艺术发展在礼乐教化观念上的表现，也显示了先秦美育思想发展的一个重要趋向。[①] 如果说儒家乐论的核心思想是“礼乐”，更多地侧重于音乐的政治、社会效能，乐是礼的附庸，那么，《吕氏春秋》的中心则是“和乐”，它除了有助于政治、社会外，还关注音乐自身与人的情感，音乐的审美特性得以突现。[②]

在谈及音乐审美时，《吕氏春秋》对审美主体即人也提出了要求，强调只有“得道”才能对审美和艺术采取一种有利于“养性”“全天”的审美态度，这种审美态度在具体的审美和艺术欣赏中表现为一种平和、愉悦的审美心态，并且认为只有具备这种心态才能真正获得审美愉悦，从而有益于养生。《大乐》篇指出：“大乐，君臣父子长少之所欢欣而说也。欢欣生于平，平生于道。”“平”即心态的平和，它来源于“道”，是审美和艺术欣赏能“欢欣而说”的前提条件。《适音》篇指出：“耳之情欲声，心不乐，五音在前弗听，……欲之者，耳目鼻口也；乐之弗乐者，心也。心必和平然后乐，心必乐然后耳目鼻口有以欲之。故乐之务在于和心，和心在于行适。”“夫乐有适，心亦有适。人之情，欲寿而恶夭，欲安而恶危，欲荣而恶辱，欲逸而恶劳。四欲得，四恶除，则心适矣。四欲之得也，在于胜理。胜理以治身则生全，以生全则寿长矣；……故适心之务在于胜理。”这些论述比较集中而系统地体现了《吕氏春秋》的美育心理学思想：首先，人的感官具有审美感知能力和欲望，

① 祁海文：《试论〈吕氏春秋〉的美育思想》，载《烟台师范学院学报》，2003 年第 1 期。

② 周薇：《孔子、荀子和〈吕氏春秋〉的乐论比较》，载《宁波大学学报》，2003 年第 3 期。

但能否获得审美愉悦却是由人的主观心态决定的，即所谓“欲之者，耳目鼻口也；乐之弗乐者，心也”。其次，人只能在心情愉悦的情况下才能产生审美欲望，“心必乐然后耳目鼻口有以欲之”，也才能获得审美愉悦。如果“心不乐”，就不可能产生对美和艺术的感知。再次，“心必和平然后乐”，心态的“和平”是产生心理愉悦，同时也是产生审美感知、获得审美愉悦的先决条件，即所谓“乐之务在于和心”。最后，“和心”的关键在于“行适”，“和心在于行适”。所谓“行适”也就是使人的情感、欲望得到充分、合理的满足，即所谓“四欲得，四恶除，则心适矣”。因而，“和心”也就是“适心”。《适音》篇提出“适心之务在于胜理”，“四欲之得，在于胜理。胜理以治身则生全，以生全则寿长矣”。可见，“胜理”是“和心”，也是“治身”“生全”的前提。王念孙谓“胜，犹任也”，则所谓“胜理”即任理，它应该就是《先己》所说的用以“治身”的“无为”之道、《论人》篇所说的“游意乎无穷之次，事心乎自然之途”。因而，所谓“胜理”也就是“得道”。①

《吕氏春秋》把同人们的各种基本欲望的合理满足相关联的“心适”作为获得审美愉悦的最根本的条件，较之于仅仅从审美对象以及审美能力的有无上去谈审美的愉快，是更为深刻的看法。事实上，审美的愉快是人的自我肯定，在人的各种基本欲望都无从得到合理满足的情况下，是谈不上什么审美的愉快的。

综上所述，吕书中关于音乐的论述，兼取了诸家学说之长，探讨了人、艺术、自然的和谐，建立了以“公”“平”“合”“适”为特征的音乐理论体系，对后世的美学及其文艺理

① 祁海文:《试论〈吕氏春秋〉的美育思想》，载《烟台师范学院学报》，2003 年第 1 期。

论产生了深远的影响。[①] 除一些篇章集中论“乐”而外，还有大量的关于音乐节律的论述散见于全书其他篇章，如《审应览·淫辞》篇中描写的“今举大木者，前呼舆謣，后亦应之，此其于举大木者，善矣”，这种“举重劝力之歌”的描述对后来文艺理论的发展有很大影响，正如鲁迅所说的“杭育杭育派”，揭示了文艺与劳动的关系。从《吕氏春秋》中我们可以发现最初的音乐思想往往是注重社会功用的，是与人类的其他活动混合在一起的，先秦的乐论就明显地带有政治文化重于音乐审美的时代特点。《吕氏春秋》的音乐美学思想对两汉天人感应的音乐美学思想的影响很大，而汉代乐论对音乐作用的无限夸大明显是借阴阳五行“律历融合”来实现的。或许也只有在这个背景下，我们才能更好地理解魏晋时期嵇康的声无哀乐论音乐美学思想的独创性与审美解放的历史价值。[②] 在中国音乐史上，孔子的乐论被视为先秦音乐美学的创始，《荀子·乐论》是我国历史上第一篇音乐美学的专论，也代表了当时乐论的最高水平。作为先秦集大成的《吕氏春秋》吸收了儒家的思想，但又有所发展。从乐论来讲，孔子、荀子的乐论侧重于“礼乐”，而《吕氏春秋》侧重于“和乐”。[③] “礼乐”重视音乐的社会、政治效能，“和乐”则将政治、社会、天地、人心、音乐自身一并关心。《吕氏春秋》“和乐”论正是在这种全面的关心中从音乐的外部世界逐渐走入到音乐的内部。

① 刘世芮：《〈吕氏春秋〉的“音乐”论探析》，载《社科纵横》，2001年第4期。

② 胡健：《“大乐”简释——〈吕氏春秋〉音乐美学思想再探》，载《音乐探索》，2002年第2期。

③ 周薇：《孔子、荀子和〈吕氏春秋〉的乐论比较》，载《宁波大学学报》，2003年第3期。

第十章

《吕氏春秋》与中国文化

《吕氏春秋》上承先秦诸子，下启汉代学术，在一定程度上代表了中国文化的发展方向，是对先秦文化的第一次全面总结，在整个中国文化发展史上，都具有重要意义。

一 《吕氏春秋》与中国文学

《吕氏春秋》较普遍地运用了神话传说、寓言故事作为说明的材料和手段，这些材料往往为我们了解中国文化的源头提供了一些非常宝贵的线索。如关于文学艺术的起源，古今学者都进行过探讨，有各种各样不同的解释，其中以《吕氏春秋》中所说的“今举大木者，前呼舆謣，后亦应之”影响较大，《淮南子》则进一步说“今夫举大木者，前呼邪许，后亦应之，此举重劝力之歌也”。即二者都认为“文学产生于生产劳动”。对此鲁迅说得更明白：“假如那时大家抬木头，都觉得吃力了，却想不到发表，其中有一个叫道‘杭育杭育’，那么，这就是创作……倘若用什么记号留存了下来，这就是文学。”[①] 文学就在我们祖先的劳动中诞生了。开始的文学只表声，不表意。随着思维、语言的发展，开始表达一定的意义，如《音初》篇说：“禹行功，见涂山之女。禹未之遇而巡省南土。涂山氏之

① 《且介亭杂文·门外文谈》。

女乃令其妾候禹于涂山之阳。女乃作歌，歌曰‘候人兮猗’，实始作为南音。周公及召公取风焉，以为‘周南’‘召南’。”这里所作的歌也被称为《候人之歌》，它是文学的早期形式。在这首诗歌中，便蕴含了一些男女之间的相思之意。同时，这里的始作南音以及同篇中我们未引及的始作东音、西音、北音等，也以一种近似于传说的方式向我们说明了各个地域文化产生的由来。

二　《吕氏春秋》与中国文化

再看《吕氏春秋》中的寓言故事。据陈浦清先生《中国古代寓言史》一书统计，全书共有300个寓言和故事，称得上丰富多样。《吕氏春秋》中文章篇幅虽不太长，但一般都用三四个故事组成“寓言群”阐明一个主题，寓言多的如《淫辞》篇，全文700字竟用了6个故事。有的寓言相当长，如“伊尹说汤”就近600字。有人说《吕氏春秋》是一座春光满目的寓言大花园，是故事的渊薮、寓言的宝库，这评价并不为过。

《吕氏春秋》的寓言内容丰富，取材广泛，有的取自动物故事，有的选自历史传说，有的采撷于诸子文章，有的来源于民间生活，有的出自想象虚构……且多有一定的故事情节。如《务大》篇讲述不能只顾眼前利益的观点时，就用寓言来说理，其中说：“燕雀争善处于一室之下，子母相哺也，区区焉相乐也，自认为安矣。灶突决，上栋焚，燕雀颜色不变。是何也?乃不知祸之将及之也。不亦愚乎!”这是形象地告诉人们：只图眼前利益，不知居安思危，大祸临头仍盲目乐观，是十分愚蠢可悲的。类似的或庄或谐，或实或虚，或生动形象，或妙趣横生，或幽默诙谐、深刻警拔，或冷嘲热讽、嬉笑怒骂的寓言在《吕氏春秋》中屡见不鲜，用这些富有生命力的寓言故事议论说理，往往使文章带有较为浓郁的文学格调，启发性、趣味性强。

有些寓言是非常有趣的。如“富人赎尸”，是说洧河的水很大，郑国有个富户家里有人掉进洧河淹死了，别人得到了死者的尸体。富人听说后，来要求赎回尸体，而得到尸体的人要钱太多，所以事情没办成。富人把这件事告诉了邓析，向他请教该怎么办。邓析说：“你放心等着吧，别人肯定不会去买那尸体。”这样一来，得到尸体的人犯愁了，便也去问邓析怎么办。邓析又说：“放心吧，那富人一定不会去买别人的尸体。”这里邓析出的两个馊主意，每一个听起来都不错，但合在一起就有问题了。再如“便宜了你”，是说宋国有个人叫澄子，丢失了一件黑衣服。他在路上寻找，遇到一个妇女也穿着黑衣服，便扯住不放，硬要拿人家的衣服，还说：“我丢的就是一件黑衣服！”那妇女分辩道：“先生丢的衣服虽然是黑的，可我穿的这件确实是我自己的啊！”澄子说：“你不如赶快把衣服给我。我丢的是一件黑夹袄，而你这一件只是单衣。用单衣顶夹袄，难道还不便宜了你吗？”

《吕氏春秋》中有丰富的格言警句以及哲理名言，如说“石可破也，而不可夺坚；丹可磨也，而不可夺赤”① “精而熟之，鬼将告之”② “欲知平直，则必准绳；欲知方圆，则必规矩”③ “以贵富有人易，以贫贱有人难”④ “百仞之松，本伤于下，而末槁于上”⑤ “至忠逆于耳，倒于心”⑥ “过者之患，不

---

① 《吕氏春秋·诚廉》。

② 《吕氏春秋·博志》。

③ 《吕氏春秋·自知》。

④ 《吕氏春秋·介立》。

⑤ 《吕氏春秋·先己》。

⑥ 《吕氏春秋·至忠》。

知而自以为知”[①] “天下大乱，无有安国；一国尽乱，无有安家；一家尽乱，无有安身”[②] “全则必缺，极则必反，盈则必亏”[③] “种麦而得麦，种稷而得稷”[④] “知美之恶，知恶之美，然后知美丑矣”[⑤] “火烛一隅，则室偏无光；空窍哭厉，身必不长”[⑥] 等等。从以上所列可知，《吕氏春秋》书中名言警句甚多。“言之无文，行而不远”，该书曾广为流传，影响深远，与它语言上的这种形象深刻、隽永有味、易懂好记是分不开的。

成语典故也是《吕氏春秋》文化内容的重要部分，许多我们所熟知的成语典故便出于此书。仅《察今》一篇中，就有“刻舟求剑”“察己则可以知人，察今则可以知古”“有道之士，贵以近知远，以今知古，以所见知所不见”“审堂下之阴而知日月之行、阴阳之变，见瓶水之冰而知天下之寒、鱼鳖之藏也”等有很强启示意义的名言。在其他篇章中，也有许多含义深刻的成语，如“流水不腐，户枢不蠹”[⑦] “尽荆越之竹，犹不能书”[⑧] “因噎废食”[⑨] “一唱三叹”[⑩] “劳而无功”[⑪] “掩耳盗

① 《吕氏春秋·别类》。
② 《吕氏春秋·务大》。
③ 《吕氏春秋·博志》。
④ 《吕氏春秋·用民》。
⑤ 《吕氏春秋·去尤》。
⑥ 《吕氏春秋·士容》。
⑦ 《吕氏春秋·尽数》。
⑧ 《吕氏春秋·明理》。
⑨ 《吕氏春秋·荡兵》。
⑩ 《吕氏春秋·适音》。
⑪ 《吕氏春秋·本味》。

钟”[1]“竭泽而渔”[2]“不可胜数”[3]“视死如归”[4]“旷日持久”[5]“一窍不通”[6]“丁公凿井”“三豕涉河”[7] 等等。这些成语多数至今仍保持着生命力，这是《吕氏春秋》语言简练、说理形象的表现。除成语外，《吕氏春秋》中还记载了一些历史典故，如其描述“桐叶封弟”的故事时写道：当叔虞听到成王分封自己的承诺后，便喜形于色地前去报告周公。周公是武王死后辅佐成王摄政的顾命大臣，又是成王和叔虞之叔父，他不但向成王讲了“天子无戏言”的道理，开导成王要“重言”而不可食言，还规诫成王要“明爱北之义”，懂得珍重兄弟手足情谊。于是，成王兑现了自己的承诺，“遂封叔虞于晋（唐）”。“桐叶封弟”之说虽不可当作信史，但它却通过生动引人的故事情节，向人们宣扬了“天子无戏言”的封建古训，以致后世人们还常常就“天子无戏言”引申发挥，久而久之，似已成定论，被人们当作历史的真实而流传下来了。

还有一些成语虽不出自《吕氏春秋》，但也是因吕不韦及《吕氏春秋》而流传下来，如“一字千金”。《史记·吕不韦列传》称《吕氏春秋》完成后，吕不韦将其布于咸阳城门，悬千金其上，延诸侯游士宾客有能增损一字者予千金。这个故事后来就演变成成语“一字千金”，用来称赞文辞精妙，形容文章价值极高。

---

① 《吕氏春秋·自知》。
② 《吕氏春秋·义赏》。
③ 《吕氏春秋·当染》。
④ 《吕氏春秋·观世》。
⑤ 《吕氏春秋·贵当》。
⑥ 《吕氏春秋·过理》。
⑦ 《吕氏春秋·察传》。

三 《吕氏春秋》与《诗经》学

《吕氏春秋》对诗的引用非常丰富，董治安曾对此作过专门研究，[①] 现将其成果简要介绍如下：

董文认为，成书于战国末年的《吕氏春秋》，于“诗三百”若干篇的作者和创作背景、于孔子师徒并惠施言诗，提供了难得的资料。书中引诗表明，在秦并六国之前一段时间，人们已在很大程度上接受了儒家“以诗为经”的观念，而各家学术思想正逐渐趋向合流。《吕氏春秋》引诗文字与汉人“四家诗”传本均有较多差异，而与战国其他文献引诗出入不大，很可能有相对稳定的“古本”作依据。作者对于逸诗的征引和推重，说明直到战国之末，儒家之三百篇传本依然未能在其他诸家习诗者那里被定于一。

清人在《四库全书总目提要·子部·杂家类》中称《吕氏春秋》“较诸子之言独为醇正”，“其持论颇为不苟”，并由此指出吕书有“多引六艺之文”的特点。《吕氏春秋》论诗引诗文字计约二十余条，数量远不及儒家《孟》《荀》或《礼记》为多，然而，书中对古诗作者的论列，对某些诗义的解读，时有可供参酌之处，而作者援诗明理、引诗证事的实践，亦颇有助于认识秦并六国前后一段历史时期“诗三百”流传的真貌。这显示了吕书与战国诗学发展的重要关系。

《吕氏春秋》中的引诗，略可分为三种情况：

第一种是引用诗文以评论人物。比如，《重言》篇叙述楚庄王即位三年“不听而好讔”（不听政而喜好谜语），听了成公贾的劝谏，终于奋发图强，一鸣惊人。作者遂引诗《邶风·旄

① 董治安：《〈吕氏春秋〉之论诗引诗与战国末期诗学的发展》，载《文史哲》，1996年第2期。

丘》以作评价："何其久也，必有与也；何其处也，必有与也。"意思是说：为何久久不行动，定有缘由在其中；为何安居不外出，定有伙伴来相助。

第二种是引用诗文以说明问题、阐释事理。比如《务本》篇论的是"公"与"私"的关系，即为臣者必须奉其"公"而得其"私"。文章认为，古代三王之臣先有大功于国，才自然收到"名无不荣，实无不安"的个人之利，于是作者引用了诗《小雅·大田》"有淹凄凄，兴云祁祁；雨我公田，遂及我私"四句，以形象地比喻说明"能以公"则必"及其私"的道理。

第三种是记载前人之赋诗、诵诗史料。比如《求人》篇记述了春秋时期子产赋诗以止晋攻郑的故事。晋欲袭郑，派叔向到郑国打探虚实，子产为之赋《郑风·蹇裳》："子惠思我，蹇裳涉洧；子不我思，岂无他士。"《蹇裳》原是一首男女言情的民歌，子产藉以表示于叔向的，却是一种政治姿态：欢迎晋国前来修好；若来进攻，则郑将联合别国以抗晋。于是叔向认识到"不可攻也"，晋国也随之停止了袭郑的计划。

以上三类引诗中，第一种引诗评论人物和第二种引诗说明问题、阐释事理，都无疑是为了借助于征引诗文，以增加论说的权威性、合理性，从而使得其对人物的评论、对问题的说明或对事理的阐释更加易于为人们所认可、所信从；第三种记前人赋诗、诵诗，虽属保存史料，客观上亦不无宣扬"诗三百"政治作用的意义。这就可以看出，一方面，《吕氏春秋》的作者对待诗的基本态度不是贬斥、不是漠视，而是尊崇和推重，另一方面，也证明了在战国末期秦并六国前后一段时间，"诗三百"不仅在社会上流传甚广，而且在很大程度上人们已经接受了儒家"以诗为经"的观念。

《吕氏春秋》中所引三百篇文字，与今本《诗经》（毛诗）存在差异，与汉代流传的"三家诗"亦有很多不同。董治安通过对比认为：汉代流传的《诗经》传本，不论是古文经学的《毛诗》，还是今文经学的《齐诗》《鲁诗》《韩诗》，与《吕氏春秋》引诗相对照，文字都已有了较多的变化。由此可见，《吕氏春秋》引诗所依据的，是三百篇的“古本”，即流传于秦汉以前的战国末期传本；“古本”与汉代“四家诗”之间，从整体看，应该存在着前后传承的关系，然而，前者显然又不是后者任何一家（毛诗或齐、鲁、韩诗）直接的祖本。三百篇的传本并不给予重视。《吕氏春秋》引诗二十条，其中逸诗四条，所占比率为五分之一。这再次证明，直到秦并六国前夕的战国之末，尽管儒家“以诗为经”的观念影响已广，然而，儒家之三百篇的传本，却依然未能在其他各家习诗者那里被定于一尊。

以上简要介绍了《吕氏春秋》对中国文学、中国文化以及中国诗学的影响。其实，由于中国文化是一脉相承的，所以，在我们生活的许多方面，都可以隐约看到一些《吕氏春秋》书中的内容的印迹。作为对先秦文化的一次大规模清理的成果，《吕氏春秋》中确实保存了许多中华文化的精华，所以它是我们在研究中国文化时值得去深入一读的书。

后　记

作为秦统一全国前夕的两朝权相，吕不韦对秦国的统一大业作出了不可磨灭的贡献。他一生具有强烈的传奇色彩，先是于赵国经商时认准秦质子子楚"奇货可居"而不惜血本助其登上王位，又因"邯郸献姬"一事使中国第一个皇帝秦始皇的身世至今仍是一个不解之谜，最终又因受嫪毐之事的牵连被迫饮鸩而死。这些广为流传的逸事使吕不韦在人们心目中的形象并不十分光彩。然而事实上，吕不韦虽凭借政治投机步入秦国政坛，但他有伟大的政治抱负，更有非同寻常的政治才能。为实现一统天下的理想，他尽心竭力地辅佐秦王。在其主持下，秦国内部百业俱兴，对外战争亦是捷报频传。这些文治武功为秦扫六合打下了坚实的基础。可以毫不夸张地说，吕不韦是秦统一事业的重要奠基人。

吕不韦具有开放的胸怀，他登上相位后，为秦国广招贤才，并以开放的心态来面对诸子百家的学说，从而编成了集采众长的《吕氏春秋》。由于《吕氏春秋》以杂家代表作著称，所以其中所涉及的思想非常丰富，本书只是择其要者研究介绍了其政治、军事、经济、哲学、历史、教育、养生等方面的思想。《吕氏春秋》内容庞杂，但却并非无章可循，仅从其十二纪、八览、六论的排列次序即可肯定此书是经过精心编排的。或许有人会因其杂采众家思想而反对这一观点，但杂采并不等于杂凑，纷繁复杂的材料来源并不必然生成杂乱无章的著作内容。吕不韦用其务实的眼光对先秦诸子形形色色的学说进行了扬弃，《吕氏春秋》正是这一扬弃的产物。从这一点上说，它是杂于众而不杂于己。就其书语言来看，由于其立足于指导现实，又将第一读者定位为尚处青少年阶段的秦王嬴政，故而其语言生动活泼、浅显易懂，又多用比喻或寓言来说理，读来饶有趣味，实为我们今天了解先秦文化的一枚锁钥。

本书从最初动意至今已七年有余，由于作者工作与学习的变动，其间曾几度停滞又几度重拾。如今此书终于可以付梓了，也算是对这些年来研读《吕氏春秋》及前人研究成果之体会的一个总结。综览全书，由于各章节基本上是一个个独立的主题，所以虽于每章各自尚有一定之系统，但各章之间的联系仍略显松散。念及费时之多，益知著述之难，从而想到吕不韦能在诸子思想百花竞放的年代里广撷英华而不失条理，实有其过人之处。其人智而雅，其书博而实，此即吕不韦与其《吕氏春秋》的特点。